중국의 역사와 역사가들

중국의 역사와 역사가들

だれが中国をつくったか

글 오카다 히데히로 | **옮긴이** 강유원 · 임경준 | **처음 찍은날** 2010년 7월 8일 | **처음 펴낸날** 2010년 7월 15일 | **펴낸곳** 이론과실천 | **펴낸이** 김인미 | **등록** 제10-1291호 | **주소** 121-827 서울시 마포구 상수동 323-2 2층 | **전화** 02-714-9800 | **팩시밀리** 02-702-6655

978-89-313-6027-1 93900

*값 11,000원
*잘못된 책은 바꾸어 드립니다.

중국의 역사와 역사가들

오카다 히데히로 지음 | 강유원, 임경준 옮김

이론과실천

| 차례 |

제1장 사마천司馬遷의 『사기史記』—역사의 창조 33

제2장 반고班固의 『한서漢書』—단대사斷代史의 출현 59

서장

중국인의 역사관

— 만들어진 '정통正統'과 '중화사상中華思想'

역사란 무엇인가?

실은 이전에 간행했던 나의 저서『역사란 무엇인가歴史とはなにか』(文春新書)에서 중국사의 성립에 대하여 상세하게 말할 생각이었다. 그러나 지면의 제한이 있었고, 독자에게 전하고 싶은 메시지가 꽤나 복잡한 탓에 그때에는 단념하고 말았다.

그래서 이번 기회에는 중국인의 역사관에만 초점을 맞추어 책을 쓸 생각인데, 먼저 위의 저서에서도 서술한 바 있지만, 역사에 대한 나의 생각을 정리하여 여기에 다시 서술하고자 한다.

역사란, 시간과 공간이라는 두 계기를 축으로 삼아 인간이 사는 세계를 어느 한 개인이 직접 체험 가능한 범위를 넘어서는 견지에서 파악하고, 해석하고, 이해하고, 설명하고 서술하는 작업이다.

역사가 대상으로 삼는 시간과 공간 모두 어느 한 개인이 직접 체험 가능한 범위를 넘어설 만큼 거대하다는 점이 대단히 중요하다. 역사의 대상이 되는, 세계 이곳저곳에서 동시에 일어나고 있는 사건을 한 사람이 모두 경험하는 것은 불가능할 뿐더러, 자신이 태어나기 전에 일어난 것을 경험하는 것은 더욱더 그러하다. 그 사건을 알기 위해서는 자신이 아닌 다른 사람의 경험에 기대지 않을 수 없다.

그런 까닭에 다른 사람이 한 말을 듣거나, 다른 사람이 쓴 것을 읽는 것은 세계를 파악하고, 해석하고, 이해하는 작업으로 첫걸음을 내딛는 일이 된다.

그런데 시간과 공간 중에서 공간 쪽이 훨씬 다루기가 쉽다. 자신의 행동범위를 넘어서는 곳에서 사건이 일어났어도 직접 가서 이를 확인할 수 있으며, 굉장히 멀리 떨어진 곳이라고 해도 시간만 있다면 다녀오는 것이 가능하기 때문이다. 즉 공간은 자신의 몸으로 파악할 수 있다.

그러나 시간을 두고 그렇게 하는 것은 불가능하다. 시간은 다녀올 수 있는 성질의 것이 아니다. 더구나 시간은 감각으로 직접 포착되지 않는다. 운동하고 있는 어떤 물체를 본 다음 그 운동한 거리를 환산해야 비로소 '시간의 길이'를 알 수 있다. 말하자면, 우리 인간은 시간을 공간화해서 공간의 길이로 환원하는 것 외에는 시간을 파악할 수 있는 방법이 없는 것이다.

시간을 연, 월, 일로 나눌 때 나타나는 문제점

어떻게 하면 시간의 길이를 파악할 수 있을까? 일정한 규칙에 따라 주기운동週期運動을 하고 있는 물체를 찾은 다음, 그 주기를 단위로 삼아 시간을 같은 '길이'에 따라 나누면 된다.

밤이 새면 해가 솟아 낮이 되고, 해가 기울면 해질녘이 되었다가 해가 지고 다시 밤이 된다. 이처럼 지구가 자신의 축 주위를 회전하는 자전 주기가 '하루'다. 어두운 밤에 새롭게 뜬 달이 차오르면서 반달이 되고 이어서 보름달이 되었다가 다시 반달로 돌아가서는 마침내 일식이 일어난다. 이처럼 달이 지구 주위를 도는 공전 주기가 '한 달'이다. 지구가 태양 주위를 도는 공전 주기가 '한 해'인데, 이와 같이 일정한 규칙에 따라 자연이 원래의 상태로 되돌아가는 주기를 사용하면, 그 길이를 단위로 삼아 시간을 나누어 파악하는 일이

가능한 것이다.

그렇다고 해도, 이처럼 연, 월, 일이라는 시간의 단위를 사용하는 데에는 두 개의 커다란 문제점이 있다.

먼저 '하루' 라는 단위가 이해하거나 사용하기가 쉽기는 해도, 그것이 한 달 안에서 어떤 '하루' 인지, 또 '한 달' 이라는 단위를 쓰더라도 1년 안에서는 어떤 '한 달' 인지가 문제이다. 사건이 일어난 전후관계를 확정하기 위해서는 특정한 날짜에 이런저런 명칭이나 번호를 붙여 구별해야만 하는 것이다.

또 다른 큰 문제는 인간의 일생이 1년보다는 훨씬 길다는 점에 있다. 한 사람은 일생을 살면서 수많은 1년을 경험하는 셈이 되지만 그 1년 하나하나를 어떻게 구별할 것인지는 곤혹스러운 일이다. 대개 1년보다 긴 주기로 나누어서 몇 년을 한데 묶어 보는 것이 일반적이지만, 1년을 넘어서는 시간을 두고 규칙이 일정한 주기를 찾기란 간단한 일이 아니다. 약 20년을 단위로 해서 태양의 주위를 도는 목성木星의 공전 주기처럼 1년보다 긴 주기가 있기는 하다. 그러나 '하루', '한 달', '한 해' 라는 주기는 지구상의 환경에서 틀림없이 벌어지는 변화 주기인 까닭에 누구라도 직접 알아챌 수 있지만, 목성木星의 공전 주기는 그러한 환경의 변화를 동반하지 않는다.

그런 까닭에 황도십이궁黃道十二宮의 성좌에서 보이는 12년 주기는, 그것에 관한 지식을 가진 점성술자라면 몰라도 일반인에게는 단위로 인식할 수 있을 만큼의 편리한 물건이 아니며 실용적이지도 않은 것이다. 게다가 12년이라고 해도 개인의 일생에 비한다면 너무나 짧다. 일생 동안에 같은 주기가 몇 번이나 반복된다고 해도 구별하기 어렵다는 점은 마찬가지다.

결국 연, 월, 일로 나누어 놓은 시간의 마디마디에 번호를 붙여, 수학에 의해 과거 시간을 보존하고, 미래 시간을 관리하는 것이 최종적인 해결책이다. 그것이 달력의 기원이다.

그런데 어떤 1년을 첫 번째 1년으로 삼아 햇수를 세기 시작할 것인가, 즉 기원의 문제가 달력을 만드는 데 커다란 문제로 발생한다. 일반적인 방법은 어떤 1년 하나를 기원 원년으로 결정하고, 그것을 기준으로 삼아 연속하여 세는 것이다. 나사렛의 예수가 태어난 해를 원년으로 하는 기독교 기원이 그러한 예의 하나이다.

요약하자면, 기원 원년은 어떤 해라도 가능하다. 어쨌든 기준을 잡아 헤아리기만 하면 된다. 그 다음에는 차례대로 번호를 붙여 각각 연, 월, 일을 구별한다.

'히스토리'='역사'의 탄생

그런데 '역사'라는 낱말은 한자漢字로 쓰여 있기는 해도 중국어에 뿌리를 두고 있는 것은 아니다. 현대 중국어에서의 '역사'라는 낱말은 일본어에서 차용한 것이다. 일본어의 '레키시歷史'는 영어의 '히스토리history'를 번역하여 메이지明治 시대 때 새롭게 만들어진 낱말인데, 1894~95년에 벌어진 청일전쟁 이후 일본에 유학했던 청조淸朝 학생들이 귀국하여 중국어에 도입한 것이다.

그러면 '히스토리'='역사'는 언제 어디에서 시작했는가.

세계에는 문명이라 이름 붙인 것이 여럿 존재하지만, 그중에서

독자적인 '역사'를 갖고 있는 것은 둘밖에 없다. 지중해 문명과 중국 문명이 그것이다. 이 밖에 인도 문명이나 아메리카 문명에서도 문명 본래의 구성요소로서의 '역사'라는 문화는 없다. 이 문제에 대해서는 나의 저서 『세계사의 탄생世界史の誕生』(ちくま文庫)과 『역사란 무엇인가』에서 상세하게 논하고 있으니 참조하기 바란다.

지중해 문명에서 '역사의 아버지'는 서기전 5세기의 희랍인 헤로도토스다. 헤로도토스는 소아시아(아나톨리아) 에게 해의 할리카르나소스 마을(오늘날의 터키 공화국에 있는 보드룸)에서 태어났으며 그의 저서 『히스토리아』는 페르시아 전쟁에 관한 이야기다.

'히스토리아' (복수형은 '히스토리아이')라는 희랍어는 영어의 '히스토리', 프랑스어의 '이스토와르'의 어원이지만, 원래 '역사'라는 의미는 아니었다. 희랍어의 '히스톨'은 '알고 있다'라는 의미의 형용사이고 '히스토레인'은 '조사하여 알고 있다'라는 의미의 동사이다. 이로부터 생겨난 명사가 '히스토리아'로 원래는 '연구'라는 의미였다.

헤로도토스는 '자신이 조사하여 알고 있는 것에 대해 말한다'는 의미에서 자신의 저서에 『연구』라는 제목을 붙였지만, 지중해 세계 최초의 역사문헌이었기 때문에 '히스토리아'라는 말이 '역사'라는 의미가 되어 버렸다. 이는 헤로도토스 이전에는 역사라는 관념이 아직 존재하지 않았음을 보여준다.

헤로도토스의 『연구』의 대상은 희랍인의 세계가 아닌 아시아와 아프리카를 지배하는 페르시아 제국이었다. 그가 서술했던 것은, 이처럼 거의 전세계를 지배하는 강대국 페르시아에 대항하여 통일국가를 이루지 못한 약소국인 희랍인들이 절망적으로 보였던 최후의 순간에 어떻게 해서 기적과 같은 승리를 쟁취했는가이다.

헤로도토스의 저서가 지중해 문명이 낳아놓은 최초의 역사였던 까닭에 불행하게도 아시아와 유럽의 대립이야말로 역사의 주제이며 아시아에 대한 유럽의 승리가 역사의 숙명이라는 역사관이 지중해 문명과 그것을 계승한 유럽 문명에서 확립되어 버렸다.

중국 문명에서 역사의 출발

그러면 지중해 문명보다는 훨씬 나중인, 서기전 221년 진秦의 시황제始皇帝의 통일로 성립되었던 중국 문명은 어떠한가.

한자의 '史'는 '中' 밑에 '又'를 써넣은 합성어이다.

'中'은 덮개와 자루가 달린 그릇을 나타내는 상형문자로, 이 그릇에 글자를 쓰기 위한 목간木簡(가늘고 기다란 나무판)을 넣는다. '又'는 오른손을 나타내는 상형문자로, '又'에 '口'를 덧붙이면 '右'자가 된다. '又'와 '右'는 발음도 동일하다.

말하자면, '史'의 의미는 오른손에 문서 꾸러미를 들고 있는 사람, 즉 기록을 담당하는 관리이며 사무관이었다. '史', '事', '使'는 모두 동일한 의미에 동일한 발음이다. 따라서 '史'의 본래 의미는 관리가 쓰는 장부이지, 우리가 지금 말하고 있는 의미에서의 역사는 아니다. 매일 장부에 사건을 기록하는 관리가 '사관史官'이고, 사관의 기록이 기초가 되어 중국 문명의 역사와 문화가 발생했던 것이다.

서기전 221년 진 시황제의 통일이 엄밀한 의미에서 '중국'의 기

원이 된다. 중국 문명의 3대 요소인 '황제'와 '도시' 그리고 '한자'가 이때 나타났기 때문이다. 시황제가 문자 그대로 중국에 있어 최초의 황제가 되었고, 도시가 중국의 각지에서 잇달아 건설되었으며, 한자는 각자 다른 언어를 쓰는 그 도시의 거주민들을 통일하기 위해 발명되었다. 그러한 3대 요소에 대해서는 나의 책 『황제들의 중국皇帝たちの中國』(原書房)과 『중국 문명의 역사中國文明の歷史』(講談社現代新書)에 자세하게 설명해 놓았으니 여기서는 재론하지 않겠다.

다만 한자가 중국에서 극히 소수의 지배계급, 그중에서도 특수한 훈련을 받은 사람만이 읽을 수 있다는 점에서 결코 대중적인 문자가 아니라는 것을 주의해야만 한다. 한자에는 품사나 성性, 수數, 격格, 시제가 없으며, 한자를 엮어놓은 한문에는 문법이 없다. 한문의 의미를 해독하는 단서는 고전에서의 용례밖에 없다. 그래서 한자의 사용에 정통하기 위해서는 방대한 양의 고전 텍스트를 통째로 암기해야만 한다. 여기에 더하여, 한인漢人이 말하는 언어는 지역마다 차이가 크기 때문에 듣는 것만으로는 이해가 불가능하다는 사정도 있다.

결국 중국의 통일을 유지하기 위해서는 말하는 언어[漢語]와 쓰는 언어[漢文] 사이의 이러한 단절을 간과해서는 안 되는 것이다.

사마천司馬遷의 『사기史記』가 창조한 '정통' 역사관

중국 문명에서 '역사의 아버지'는 지중해 문명의 헤로도토스보다 3세기 반 정도 후인 서기전 100년 전후에 『사기史記』를 쓴 사마천이다. 지금은 대표적인 역사서로서 『사기』라 불리고 있지만 원래의 표제는 『태사공서太史公書』이며 130편으로 구성되어 있다. 그 서술은 최초의 '천자天子'로 여겨지는 황제黃帝에서 시작하여 사마천 자신이 섬겼던 전한前漢의 무제武帝의 치세까지 이르고 있다.

『사기』는 중국에서 쓰인 최초의 '정사正史'로 그 체제와 내용은 후세의 중국인의 역사의식과 중국에 대한 의식을 결정했다.

사마천은 『사기』를 「본기本紀」, 「표表」, 「서書」, 「세가世家」, 「열전列傳」의 다섯 부분으로 구성했다. 그중에서도 「본기」와 「열전」이 가장 기본적인 부분을 이루는 까닭에 후세 중국인의 역사학에서는 『사기』의 체제를 '기전체紀傳體'라 불렀다.

『사기』의 첫머리에 실려 있는 것은 「오제본기五帝本紀」 편이다. '오제'란 황제를 비롯한 다섯 명의 신화 상의 군주인데, 그 다섯 명이 '천자天子'(황제의 별칭)가 되어 차례대로 '천하天下'(세계)를 통치했다는 것이 이 편의 내용이다.

사마천이 여기에서 '천하'라고 부르는 지역은 자신이 섬겼던 한漢 무제武帝의 지배가 미쳤던 범위를 가리키는데, 현대인의 관점에서 본다면 '천하'는 중국과 동의어가 된다. 게다가 사마천이 황제黃帝의 업적으로서 서술하고 있는 것은 모두 현실의 무제의 업적과 겹친다.

황제는 천하의 구석구석에 행차하여, 동방에서는 태산에 올라 하늘과 땅에 제사 지내고, 북방에서는 유목민을 물리쳤다고 쓰여 있다. 말하자면, 사마천은 당시 한 무제가 통치하였던 천하를 곧바로 시간의 기원으로 가져간 다음, 거기에 투영한 무제의 상을 황제라 부르고 있을 뿐이다.

신화 속 황제와 현실의 무제를 연결시키는 것은 '정통' 이라는 관념이다. 사마천이 그것을 채택하고 있는 까닭에 '정통' 은 중국 문명 역사관의 근본이 되었다. 중국 문명 역사관은 '정통' 의 역사관이다. '정통' 의 역사관이란, 어떤 시대의 '천하天下' (지금으로 말하면 중국)든지 천명天命을 받은 '천자' (황제)는 분명히 한 명이어서 그 천자만이 천하를 통치할 권리를 갖고 있다는 것이다. 그러한 '정통' 은 오제의 시대에서는 선양禪讓, 즉 어진 천자에서 다시 어진 천자로 물려주는 방식을 통해 이어졌다.

『사기』에서 「하본기夏本紀」, 「은본기殷本紀」, 「주본기周本紀」, 「진본기秦本紀」가 다루는 시대가 되면 제위는 방벌放伐, 즉 추방이나 정벌을 통해 손에 넣는 것으로, 이긴 쪽에게는 천명이 부여되고, 패한 쪽에게서 천명이 제거된다. 이것이 본래 의미에서의 '혁명革命' 으로, '혁革' 은 '제거한다' 는 의미이다.

이때부터 '천자' 는 하늘이 혁명을 명하는 자, 즉 새로운 천명을 받은 군주가 '정통' 의 천자가 되었다. 그러한 과정이 하夏에서 은殷으로, 은에서 주周로, 주에서 진秦으로 거듭하여 교체되어, 마지막으로 사마천이 섬기는 한 무제가 천명을 넘겨받은 '정통' 의 '천자' 로서 천하를 통치한다. 사마천이 『사기』에서 말하고자 한 것은, 요컨대 '무제야말로 정통의 천자' 라는 것이었다.

사마천이 『사기』에서 쓰고 있는 것은 '정통' 황제의 역사인 것이다. 세계사도 아니고 중국사도 아니다. 무엇보다도, '중국' 이라는 관념이나 중국민족이라는 관념도, 사마천의 시대에는 아직 존재하지 않았다. 그러한 관념은 19~20세기 국민국가 시대의 산물이다.

변화를 기록하지 못하는 '정사正史'

이러한 『사기』의 구조가 인정됨에 따라 이때부터 중국 문명에서는 『사기』처럼 써야만 역사로서 인정받을 수 있게 되었다. 후세의 '정사'가 서술할 황제 시대의 천하가, 사마천이 서술했던 한 무제 시대의 천하와 차이가 있어서는 안 되기 때문이다. 변화가 있어도 그것을 인정하거나 기록할 필요는 없다. 천하의 변화를 기록한다면 그 정사의 대상인 황제는 '정통'이 아닌 천자가 되고, 나아가서는 그 황제로부터 천명을 물려받았을 현 황제, 즉 역사가가 섬기고 있는 황제 역시 '정통'이 아닌 황제라는 것을 증명하는 결과가 될지도 모르기 때문이다.

그런 까닭에, 『사기』 이후의 중국에서는 천하에 아무리 근본적인 변화가 있더라도, 역사에는 있는 그대로 기록되지 않게 되었다. 중국적 역사관의 원칙에 따르면, 천하에는 변화가 있을 수 없다. 천하의 변화를 기록한다면 그것은 역사가 아니다. 『사기』에 묘사되어 있는 한 무제 시대와 기본적으로 동일한 천하를 서술하는 것만이 역사인 것이다.

『사기』 이후에는 반고班固의 『한서漢書』가 쓰였다. 반고는 1세기에 활동한 사람인데, 실제로 그가 쓰고 싶었던 것은 자신이 굳게 믿고 있었던 유교의 영웅인 왕망王莽의 전기였다. 왕망은 서기 8년에 전한을 멸망시키고 스스로 황제가 되어 유교적 이념에 따라 천하를 다스리려 했지만, 서기 23년에 반란군에게 패해 죽었다. 그런데 왕망에 이르기까지의 유교적 전통을 서술하기 위해서는 그 이전의 전개과정에 대해서도 서술해야만 한다.

그래서 반고는 『사기』의 서술을 빌려왔다. 『사기』가 세계의 기원부터 사마천 당대의 한 무제 시대까지를 서술한 '통사通史' 인 데 반해서, 『한서』가 전한前漢의 시조인 고조高祖(유방劉邦)에서 시작하여 전한 시대만을 서술하는, 이른바 '단대사斷代史' 의 효시가 된 데에는 그러한 연유가 있었기 때문이다.

현실을 왜곡하는 『삼국지三國志』

『한서』에 이은 진수陳壽의 『삼국지』는 진晉나라 시대에 쓰인 것으로 「위서魏書」, 「촉서蜀書」, 「오서吳書」의 세 부분으로 이뤄져 있다.

「위서」에는 「본기」에 해당하는 「기紀」가 있는데, 실제로는 생전에 황제가 되지 않았던 조조曹操를 '무제武帝' 라 칭하는 것을 시작으로 위의 역대 황제들의 업적을 서술하고 있다.

이에 반해서, 「촉서」와 「오서」는 「기」가 아니라 모두 「열전」에 해당하는 「전」으로 이뤄져 있는데, 실제로 황제라 칭했던 촉의 유비劉備는 「선주전先主傳」으로, 오의 손권孫權은 「오주전吳主傳」으로 취급하고 있다. 즉 『삼국지』는 촉의 황제나 오의 황제를 모두 황제로 인정하지 않고 신하와 같은 수준으로 취급하고 있는 것이다. 그뿐만이 아니다. 유비는 '촉' 의 황제라 칭했던 것이 아니었다. 실상은 '한漢' 의 황제를 칭했던 것이지만, 『삼국지』는 그러한 공식적인 국호조차 무시하고 있다.

하나의 천하에 3명의 황제가 존재하는 기묘한 사태는 사마천의 『사기』 이래 짜인 역사의 구조에 부합하지 않는다. 그래서 진수의 『삼국지』는 현실보다도 원칙을 우선시하여 위나라만을 정통의 황제로 인정하고 촉과 오를 위의 신하와 같은 수준으로 취급하고 있다.

더군다나, 촉을 '한'이라 칭하지 않고 있는 것은 후한後漢의 '정통'을 승계한 것은 위이며, 위의 '정통'을 승계한 것은 진수 당대의 왕조인 진晉이라는 입장에 선다면 당연한 일이다. 촉의 공식적인 국호가 '한'이라는 것을 인정한다면, 그쪽이 후한의 '정통'을 승계했다는 것을 인정하는 것과 마찬가지이며 위와 위를 승계한 진은 '정통'이 아닌 왕조가 되고 만다. 그렇다면 진수는 반역죄에 몰릴지도 모르는 일이기 때문에 『삼국지』는 그 체제상에서 이미 현실을 왜곡하고 있다.

다시 말하자면, '정사'는 있는 그대로의 중국을 묘사하고 있는 것이 아니며, 이상理想으로 여기는 중국을 묘사하고 있는 것이다. 이상으로 여기는 중국이란 한 무제 시대에 만들어진 천하이다. 몇 번이나 되풀이하지만, 중국적인 역사관의 원칙에 따르면 천하에 변화란 있어서는 안 된다. 실제로는 변화가 있더라도 그것을 기록한다면 역사로 인정받지 못하는 것이다.

『사기』에 묘사되는, 한 무제 시대의 천하의 상에 부합하지 않는 부분이 현실에 존재하더라도 가능한 한 언급을 피하고, 무시할 수 없는 부분은 되도록 서술을 자제하는 것이다. 그것이 『삼국지』 이후 '정사'의 전통이 된다.

두 개의 '정통'이 존재했던 남북조南北朝 시대

『삼국지』 이후 기존의 '정통' 이론은 위, 촉, 오라는 삼국의 분열보다 한층 더 혹독한 시련에 직면한다. 즉 304년에서 439년까지 135년 동안 지속된 '오호십육국五胡十六國 시대'와 그에 이어지는 439년에서 509년까지 150년 동안 지속된 '남북조 시대'가 그것이다.

여기서 '오호五胡'란 한족의 북방에 거주했던 선비鮮卑나 흉노匈奴 등과 같은 5개의 종족을 가리키는데, 이들은 진에 반기를 들어 화북지방을 점령하고 16개의 국가를 세웠다. 종국에는 선비족 계열인 탁발씨拓跋氏가 화북을 통일하고 북위北魏를 건국하였다. 그때 살아남은 한족은 비한인非漢人 지대인 강남의 장강유역으로 망명하여 동진東晉을 세웠고 그것이 송宋으로 교체되었다. 그리하여 중국에서는 북방민족이 세운 북위와 한족이 세운 송이 대립하게 되었다.

남방의 송조는 이후 남제南齊, 양梁, 진陳으로 계승되었다. 한편, 북방에서는 북위가 동서로 분열하여 동위東魏는 북제北齊로, 서위西魏는 북주北周로 이어졌는데, 이후 북주가 북제를 멸망시켰고 이어서 북주도 수隋나라로 교체되었다. 그리하여 마침내 589년에 북방의 수나라가 한족의 진陳나라를 병합함으로써 약 280년 만에 중국의 통일이 회복되었다.

그런데 여기에서 중요한 것은 수가 한족이 아닌 북방민족이 세운 왕조라는 점이다. 선비족이 중국을 부흥시킨 것이다. 그뿐만이 아니다. 불과 30년도 채우지 못하고 멸망한 수를 대신하여 중국을 다시 통일한 당唐도 마찬가지로 북방민족이 세운 왕조였다.

당대唐代에는 '정사'가 왕성하게 만들어졌으니 당연히 북위를 비롯한 북방민족의 역사는 '정통'으로 여겨졌다. 한편으로 동진, 송, 남제, 진도 성립 정황으로 보면 역시 '정통'으로 여기지 않을 수 없었다. 그런 까닭에 천하에 두 개의 '정통'이 병립하여 둘 다 「본기」를 작성하고 여기에 황제의 치세를 서술하게 되었다. 이는 『사기』에서 시작하는 중국적 역사관에서 본다면 있어서는 안 되는 일이었다.

당나라는 618년에 건국하여 300년 가까이 중국을 통치하다가 907년에 후량後梁의 주전충朱全忠에게 멸망당했다. 이미 당의 율령을 무시하고 있던 여러 절도사들은 그것을 호기로 삼아 황제를 자칭함으로써 '오대십국五代十國 시대'가 열리게 되었다. 얼마 지나지 않아 960년에 북송北宋의 태조太祖 조광윤趙匡胤이 나타나 차례대로 분국分國들을 병합하였고, 이어서 동생인 태종太宗 조광의趙光義가 오월吳越과 북한北漢을 멸하여 통일을 거의 완성하였다.

그런데 북송이 세워지기 이전에 존재했던 후당後唐, 후진後晉, 후한後漢, 후주後周는 모두 투르크족이나 선비족이 세운 왕조였지 한족이 세운 왕조는 아니었다. 지배세력의 근거지가 지금의 북경北京이었던 북송도 당연히 한족이 아닌 북방민족이 세운 왕조일 것이다.

'중화사상'의 기원, 『자치통감資治通鑑』

1004년 북방에서 새롭게 흥기한 거란의 성종聖宗은 친히 군대를 거느리고 북송을 침공하여 전주澶州에 이르러 북송의 진종眞宗과 대치하였다. 여기에서 거란과 북송 사이에 화의가 성립하였는데, 그 결과 진종은 거란의 황태후에게 숙모의 예를 갖추면서 매년 10만 냥의 은과 20만 필의 비단을 바쳐야 했다. 이것이 바로 전연澶淵의 맹약이다.

이 사건을 계기로 북송은, 천하가 거란과 북송으로 나누어져 북쪽에는 거란이, 남쪽에는 북송이 존재한다는 남북조의 병립을 공식적으로 승인하지 않을 수 없게 되었다. 그러면 북송의 황제는 천하의 통치권을 갖고는 있지만 단 한 사람의 '정통' 황제가 아니라는 것을 자인하는 셈이다. 그것은 북송에게 있어서 치욕일 뿐이었다.

이러한 치욕에 대한 반발로, 실상은 오래전에 이주한 유목민의 자손이었던 북송인들이 자신들의 '정통' 은 '중화中華' 와 '한인漢人' 이라 주장하여 상처입은 자존심을 위로하면서 북방에서 새롭게 홍기한 유목제국을 야만무도한 '이적夷狄' 이라 경멸하였는데, 이처럼 고작 분풀이로 시작한 일이 '중화사상' 의 기원이 되었다.

이 '중화사상' 을 대표하는 것이 사마광司馬光의 『자치통감資治通鑑』이다. 『자치통감』은 편년체編年體로 쓰인 역사서로 서기전 403년부터 959년까지 약 1362년 동안에 벌어진 사건을 날짜별로 기록하고 있는데, 남북조 시대를 서술할 때는 북조의 연호를 표기하지 않고 남조의 연호만을 표기하면서 동진, 송, 남제, 양, 진을 비롯한 남제의 황제만을 '황제' 라 부르고 북위, 동위, 서위, 북제, 북주를 비롯한 북조의 황제는 '위왕', '제왕', '주왕' 으로밖에 부르지 않았다. 북조는 '정통' 이 아니기 때문에 참된 황제가 아니라는 발상이었다.

이러한 태도는 진陳이 멸망하기 바로 전해인 588년까지 계속되어 그해의 기사에서는 수의 문제文帝를 '수왕隋王' 으로, 진의 마지막 황제인 장성공長城公을 '황제'라 부르는 데서도 나타난다. 그런데 이듬해인 589년이 되면 그해 정월 기사에서부터 진의 황제는 '진주陳主'로 격하시키는 대신 수의 문제를 '황제'라 부르고 있다. 이는 진이 멸망한 해를 기준으로 '정통'이 남에서 북으로 옮겨 갔다는 발상인데, '정통' 이론을 확립하기 위해서는 이렇게 하는 방법밖에 없다. 그렇게 하지 않는다면, 수는 '정통'이 아닌 왕조가 되어 이어지는 당나라나 나아가 사마광이 종사하고 있던 북송도 '정통'이 아닌 왕조가 될 위험이 도사리고 있기 때문이다.

이는 북송과 대립하는 거란을 예전의 북조로 비유하여 거란의 황제는 '정통'이 아니기 때문에 천하를 지배할 권리를 갖지 못한 가짜 황제라는 것을 에둘러 말하고 있는 것에 불과하다. 지금보다 아무리 군사력이 강대해지고 광대한 지역을 지배한다 하더라도 '이적'은 문화를 갖지 못한 인간 이하의 존재이며 '중화'만이 참된 인간이라는 것이 '중화사상'의 요지이다. 이러한 '중화사상'은 오늘날까지도 중국에 엄연히 존재하고 있어서 중국인이 세계의 현상을 직시하는 데 가장 큰 장애가 되고 있다.

'정사'의 체제에 부합하지 않는 현실

'정사'는 그 이후에도 변함없이 편찬되었는데, 그중에는 원元의 토쿠토Toqto'a 등이 저술한 『요사遼史』, 『금사金史』, 『송사宋史』가 있다. 사실상 여기에서도 『사기』 이래의 '정통' 이론은 다시 파탄을 맞고 있다.

• 중국의 정사正史 등

서명	권수	저자	완성된 해
『사기史記』	130	사마천司馬遷	전한前漢 : 서기전 100년 전후
『한서漢書』	100	반고班固	후한後漢 : 76~84년
『후한서後漢書』	120	범엽范曄	송宋(남조南朝) : 432년에 기전紀傳, 지志. 『속한서續漢書』는 사마표司馬彪에 의해 306년(진晉)까지
『삼국지三國志』	65	진수陳壽	진晉 : 297년 이전
『진서晉書』	130	방현령房玄齡 등	당唐 : 648년
『송서宋書』	100	심약沈約	양梁 : 488년에 기전紀傳, 502년 이후에 지志
『남제서南齊書』	59	소자현蕭子顯	양梁 : 537년 이전
『양서梁書』	56	요사렴姚思廉 등	당唐 : 636년
『진서陳書』	36	요사렴 등	당唐 : 636년
『위서魏書』	130	위수魏收 등	북제北齊 : 554년
『북제서北齊書』	50	이백약李百藥 등	당唐 : 636년
『주서周書』	50	영고덕분令狐德棻 등	당唐 : 636년
『수서隋書』	85	위징魏徵, 장손무기長孫無忌	당唐 : 636년에 기전紀傳, 656년에 지志
『남사南史』	80	이연수李延壽 등	당唐 : 659년
『북사北史』	100	이연수 등	당唐 : 659년
『구당서舊唐書』	200	유구劉昫 등	후진後晉 : 945년
『신당서新唐書』	225	구양수歐陽脩 등	북송北宋 : 1053년
『구오대사舊五代史』	150	설거정薛居正 등	북송北宋 : 974년
『신오대사新五代史』	74	구양수	북송北宋 : 1053년
『송사宋史』	496	토쿠토 등	원元 : 1345년
『요사遼史』	116	토쿠토 등	원元 : 1345년
『금사金史』	135	토쿠토 등	원元 : 1345년
『원사元史』	210	송렴宋濂 등	명明 : 1370년
『명사明史』	332	장정옥張廷玉 등	청淸 : 1735년
『청사고淸史稿』	536	조이손趙爾巽 등	중화민국中華民國 : 1928년
『자치통감資治通鑑』	294	사마광司馬光	북송北宋 : 1084년
『흠정외번몽고회부왕공표전欽定外藩蒙古回部王公表傳』	120	기운사祁韻士 등	청淸 : 1789년

거란족은 몽골 고원의 동부에서 유목하던 부족으로 요遼를 세웠으나, 요는 만주 동부의 여진족이 세운 금金에게 멸망당했다. 금을 멸망시킨 것은 몽골족이 세운 원이었다. 이러한 역사를 놓고 본다면, 몽골족의 원이나 거란족의 요 그리고 여진족의 금도 당연히 '정통'으로 보지 않을 수 없다. 그래서 『요사』나 『금사』는 「본기」를 채택하여 황제의 사적을 기술하고 있다.

그렇지만 북송은 '전연의 맹약'에서 거란을 '북조北朝'로 인정한 바 있다. 남송에서도 금에 대하여 스스로를 신하라 칭하고 있다. 원의 토쿠토 등은 이러한 『송사』에서도 황제를 다루는 「본기」를 채택하고 있다. 즉, 천하를 북조와 남조, 두 개로 나누고 있는 것이다. 이렇게 되면 남송의 유신遺臣인 학자들로부터 송은 '정통'이므로 『송사』로 편찬할 가치가 있지만 요와 금은 그렇지 않으니 『요사』와 『금사』로 편찬하는 것은 불가하다는 항의를 받게 되는 것은 당연하다.

송렴宋濂 등이 편찬한 『원사元史』는 '정사'의 체계가 현실에 가장 부합하지 않는 사례이다.

이러한 사정을 모르는 사람이 『원사』를 읽는다면 원은 통일제국인 것처럼 보인다. 그러나 실은 그렇지가 않다. 통일제국인 것처럼 보이는 것은 『원사』의 편찬방침이 『사기』 이래 조금도 변하지 않았기 때문이다.

중국의 마지막 '정사'는 조이손趙爾巽 등이 편찬한 『청사고清史稿』이다. 『청사고』의 편찬방침은 특히 눈에 띄는 것은 아니지만 예외적으로 「번부세표藩部世表」 3권과 「번부열전藩部列傳」 8권이 있다. 몽골의 호르친Qorchin 부에서 티베트까지의 '번부藩部'의 역사와 각

부의 역사를 수록하고 있는 것은 지금까지의 '정사' 에서 찾아볼 수 없다. 이것이 가능하게 된 데는 『흠정외번몽고회부왕공표전欽定外藩蒙古回部王公表傳』이 있었기 때문이다.

『흠정외번몽고회부왕공표전』 120권은 만주어와 몽골어 그리고 한어漢語라는 3종의 언어로 쓰여 있는데, 저자는 만주어에 능통하였던 한인 기운사祁韻士이다. 기운사는 18세기 말 내각대고內閣大庫에 먼지와 함께 묻혀 있던 만주어 문서를 발굴하고 조사하여 7년에 걸쳐 이 대저大著를 완성하였다. 그리하여 가까스로 몽골족과 투르크족 그리고 티베트족의 역사가 '정사' 에 편입될 수 있었다.

근대화가 이뤄져도 변하지 않는 중국의 역사관

1895년 청일전쟁에서 패배하여 큰 충격을 받은 청조는 일본을 본받아 근대화하기로 결의한다. 이듬해부터 다수의 청조 학생들이 일본으로 유학한 것을 시작으로 1904~05년에 벌어진 러일전쟁 이후에 이르면 미증유의 성황을 이루게 된다.

일본에서는 1854년의 개국과 1868년의 메이지유신을 거쳐 새로운 일본어 문체가 개발되어 서유럽어의 중요한 단어는 모두 번역이 가능하게 되었지만, 그 번역은 대부분 한자를 사용한 것이었다. '역사' 라는 단어도 그중 하나로 영어의 '히스토리' 를 일본어로 번역한 것이다.

청조의 유학생들은 일본에서 그러한 새로운 문체와 번역어를 통하여 신사상을 공부하였고 고국으로 귀환하여 이를 보급시켰다. 결과적으로 가장 중요한 역할을 맡았던 이는 루쉰魯迅으로, 그는 일본에서 귀국한 뒤 1918년에 『광인일기狂人日記』에서 일본어를 본뜬 새로운 중국어 문체를 고안하여 사용하였다. 그것이 문학혁명의 시작이었다. 여기에 이르러 쓰는 언어로서의 중국어는 서유럽어로 쓰인 온갖 문장을 번역할 수 있게 되었다.

그러나 말하는 언어는 변함없이 제각각이어서 거의 모든 지역마다 달랐다. 더구나 그것을 써서 나타낼 수 있는 문자도 없었다. 마오쩌둥毛澤東은 일찍부터 이 점을 눈치채고 있었는데, 그가 의도했던 병음拼音(표음表音)으로 된 문자만으로 중국어를 표기하고자 한 개혁은 음운音韻에 대한 지식이 부족했던 까닭에 참담한 실패로 끝나고 말았다. 결국 한자는 중국어라고 해도 여전히 진 시황제 시절과 같이 어느 곳의 방언도 아닌 외국어와 마찬가지인 단어를 써서 나타내는 문자이다.

1912년 청조가 멸망하자 중화민국과 중화인민공화국이 차례차례 세워졌지만 중국인의 의식은 황제제도 시대의 의식에서 한 발짝도 벗어나지 못하였다. 다시 말해 사마천의 『사기』에서 비롯된 '정통'의 관념이나 사마광의 『자치통감』에서 비롯된 '중화사상'이 그대로 잔존하고 있는 것이다.

중국인을 사로잡고 있는 '정통' 의식과 '중화사상'

이를테면, 대만을 둘러싼 문제도 그 한 예이다. 중화인민공화국이 성립하자 중화민국이 대만에 그대로 남게 되었는데, 중화인민공화국에서는 대만인이 중국인인데도 '정통' 의 공화국을 인정하지 않는다 하여 그들을 틀림없는 반역도反逆徒라고 하며 억지를 부리고 있다. 이는 국제적인 논리가 아니다. 무슨 수를 써서라도 대만인의 생존권을 압박하고자 하는 것이다.

또한, 사실 일본은 미합중국에게 패배했을 뿐이지만, 중국에서는 일본이 중국에 침입했다가 패배한 것으로 여기고 있다. 더욱이 1945년에 전쟁이 끝나고 1949년에 중화인민공화국이 건국되었는데, 일본이 위대한 중국의 영수에 대해서 신종臣從의 예를 표하고 조공을 보내야만 하는데도 중국인에게 아무런 사전 양해도 없이 그대로 번영을 누리고 있는 것은 무례한 일이라고 비쳐지고 있다. 중국인들이 이와 같이 생각하는 것은 '중화사상' 에 그 연원을 두는데 국제적인 논리에서도 중화사상에 맞아떨어지지 않는 것은 모두 끊어 두어야만 하는 것이다.

아무튼 중국은 아직까지 한자를 사용하고 있다. 한자를 사용하는 한 절대다수의 중국인이 스스로에 대해 생각하는 것은 있을 수 없다. 외국인이 의견을 묻는다고 해도 그때그때 정부의 선전을 앵무새처럼 되뇌는 것에 불과할 뿐이다.

그런데 정부의 선전이라 해도, 그것은 '정통' 의식과 '중화사상' 에 토대를 두고 있는 것이다. 다시 말해, 중화인민공화국은 잘못된 것이 하나도 없는, 역사의 시초부터 변하지 않았던 중국의 '정통' 정권이라는 것이다.

여기에 더하여, 구문체舊文體는 문학혁명 이후 완전히 사라져 새로운 문체로 바뀌게 되었다. 그런 까닭에, 새로운 문체로 교육 받은 세대들에게 구문체로 쓰인 역사는 이제 해독 불가능한 것이 되었고, 그들이 읽을 수 있는 것은 20세기 초반까지만이다. 그래서 역사인식의 문제가 발생할 때마다 중국의 정권은 "일본인은 잘못된 역사인식에 물들어 있으니 조속히 마음을 고쳐먹고 중국에게 조공하라"는 요구를 계속하고 있다.

여기서 확인해두자면, 정부와 연관이 있고 없음에 상관없이 자국 역사에 대한 중국인들의 무지는 가공할 정도이다. 일반적인 일본인이 가진 일본사 지식과는 비교할 바가 못 된다.

그렇다면 중국인의 이러한 '정통' 의식과 '중화사상'은 어떤 과정을 거치며 만들어진 것인가. 다시 사마천의 『사기』에서 시작하여 반고의 『한서』, 진수의 『삼국지』, 사마광의 『자치통감』 순서로 음미해보도록 하자.

제1장

사마천司馬遷의 『사기史記』
— 역사의 창조

사마천의 선조들

서장에서도 말했듯이 중국 문명에서 '역사의 아버지'는 서기전 100년 전후에 『사기』(원래의 표제는 『태사공서太史公書』)를 저술한 사마천이다. 모두 130편으로 이루어진 『사기』는 최초의 '천자'라 알려진 황제黃帝에서 시작하여 사마천이 섬겼던 한漢 무제武帝의 치세까지 다루고 있다.

사마천이 『사기』의 마지막 편인 「태사공자서太史公自序」에서 스스로 말하고 있듯이, 사마씨는 원래 주周나라의 사관으로 봉직했던 가문이다.

『사기』 「주본기周本紀」에 따르면, 서기전 771년 주周 유왕幽王이 견융犬戎이라는 부족에게 패하자 유왕의 뒤를 이은 평왕平王이 섬서陝西 동부에 위치한 낙양洛陽으로 도읍을 옮겼다고 하는데, 통상 이 이후부터를 춘추春秋 시대라 한다.

서기전 652년경 사마씨는 주나라를 떠나 진晉나라로 향한다. 620년 진나라 중군中軍의 장수인 수회隨會가 진秦나라로 망명하자 사마씨도 그를 따라 섬서성 한성현韓城縣 남쪽에 위치한 소량少梁으로 이주했다. 그 자손이 사마조司馬錯(사마천의 8대조)이다.

덧붙여서 말하자면, 「주본기」에는 서기전 403년 주나라가 위魏, 한韓, 조趙를 제후로 삼았다는 기록이 있는데 통상 이때부터를 전국戰國 시대라 한다.

한편 사마조는 진秦 혜문왕惠文王 앞에서 당시의 유세가인 장의張儀와 논쟁을 벌여 승리함으로써 촉을 공격하는 임무를 맡게 되었다.

혜문왕은 사마조에게 군사를 통솔하여 촉蜀을 공격하게 하였고 그 결과 촉은 멸망하였다. 그 공으로 사마조는 촉군의 태수가 되었다. 이는 『사기』 「장의열전張儀列傳」에 서기전 316년에 일어난 사건이라 기재되어 있다.

사마조의 손자는 사마근司馬靳(사마천의 6대조)이다. 사마근은 진나라의 장군인 무안군武安君 백기白起를 섬겼다. 백기가 조趙나라 군사를 장평長平에서 격파하여 포로 40만 명을 생매장시켰는데, 사마근은 여기에 협력했던 탓에 돌아와서는 진나라 도읍인 함양咸陽의 서쪽에 위치한 두우杜郵에서 백기와 함께 사사賜死되었다. 사마근은 화지華池에 매장되었다. 『사기』 「백기왕전白起王翦열전」에 따르면 서기전 257년에 벌어진 일이라 한다. 화지는 섬서성 한성현에 있다.

사마근의 손자인 사마창司馬昌(사마천의 4대조)은 진秦의 철관鐵官(철을 생산하는 지역의 장관)을 지냈다. 사마창의 아들인 사마무택司馬無澤(사마천의 증조부)은 전한의 시장市長(시장市場의 장로를 뜻하며 도시의 장관은 아님)을 지냈다. 사마무택의 아들인 사마희司馬喜(사마천의 조부)는 오대부五大夫(진과 한의 관직명)를 지냈다. 죽은 후 모두 고문高門에 안장되었다. 고문 역시 섬서성 한성현에 위치하는데 화지에서 동쪽으로 3리 떨어져 있다.

사마희의 아들은 사마담司馬談(사마천의 아버지)이다. 사마담은 당도唐都에게 천관天官(점성술)을 배웠고 양하楊何에게 『역易』(『주역周易』)을 전수 받았으며 황자黃子에게 도론道論(황제와 노자의 천하론)을 익혔다. 사마담은 태사령太史令(사관史官의 장)이 되어 천관을 맡았는데 이는 민정民政과 관계되는 일은 아니었다.

사마담의 아들이 바로 『사기』의 저자인 사마천이다.

왜 『사기』가 쓰였는가

사마천은 서기전 135년 섬서성 한성현의 용문산龍門山에서 태어났다. 서기전 124년에는 10세의 나이로 고문古文(진 시황제가 문자를 개혁하여 진전秦篆을 만들기 전에 사용했던 고문자古文字로 쓰여진 문헌)을 암송했다.

사마천은 20세가 되던 서기전 114년에 남쪽으로는 장강長江과 회수淮水를 주유하고 회계산會稽山(절강성浙江省 소흥시紹興市의 동남쪽에 위치한 산)에 올라 우禹 임금을 안장한 곳이라 알려진 우혈禹穴을 탐방하였으며 구의산九疑山(호남성湖南省 영원현寧遠縣의 남쪽에 위치한 산)을 둘러보았고 원수沅水(호남성)와 상수湘水(호남성)에서는 배를 탔다. 북쪽으로는 문수汶水(산동성山東省)와 사수泗水(산동성, 강소성江蘇省)를 건너 제나라의 도읍인 임치臨淄(산동성)와 노나라의 도읍인 곡부曲阜(산동성)에서 학문을 익히면서 공자가 남긴 학풍學風을 살폈으며, 추현鄒縣의 역산嶧山에서는 향사鄕射의 예禮(지방관이 사람을 모아 활을 쏘는 의례)에 참관하였고 번현蕃縣(산동성의 승현滕縣), 설현薛縣(승현의 동남쪽), 팽성현彭城縣(강소성의 동산현銅山縣)에서 잠시 곤궁함을 겪다가 양梁(하남성河南省 남쪽에 있는 상구현商丘縣)과 초楚(하남성의 회양현淮陽縣)를 거쳐 고향으로 돌아왔다.

그해에 사마천은 관직에 나가 낭중郎中이 되었다.

• 사마천의 여행도

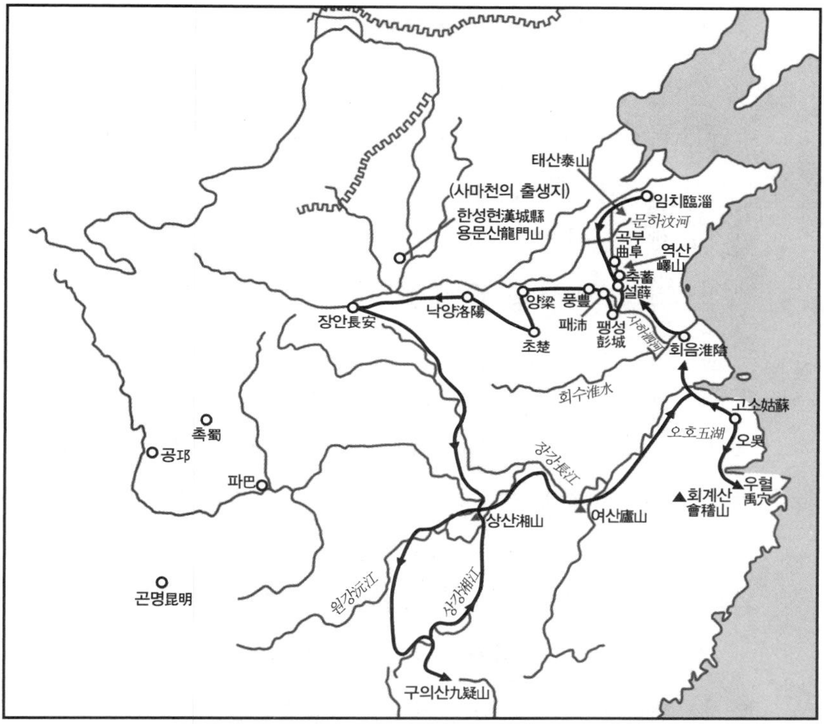

쓰루마 카즈유키鶴間和幸, 『첫 황제의 유산(ファーストエンペラーの遺産), 진한제국秦漢帝國』(講談社, 중국의 역사 03)에서 작성

서기전 111년 사마천은 명을 받아 서쪽에 위치한 파巴(사천성四川省의 중경重慶 지역)와 촉蜀(사천성의 성도成都 지역) 이남 지방으로 향하여 남방의 공邛(사천성의 서창西昌 지역), 착筰(사천성의 한성현漢城縣), 곤명昆明(운남성雲南省의 곤명)을 시찰하고 돌아와 보고했다고 한다. 그해, 서남 지방의 이민족이 한漢을 배반하자 한이 그들을 토벌하여 5군五郡을 설치했다고 알려져 있으므로 사마천도 이 작

전에 관여했을 가능성이 높다.

서기전 110년 한 무제가 산동에 있는 태산泰山에 올라 하늘과 땅에 제사 지내는 봉선封禪 의식을 거행했을 때 사마천의 아버지인 사마담은 낙양에 체재하고 있었으나, 참가를 허가 받지 못해 이를 원통해하고 있었는데 때마침 사마천이 봉사奉使에서 돌아오자 후사를 맡기고 세상을 떠났다.

사마천은 2년 뒤인 서기전 108년에 28세의 나이로 태사령太史令에 임명되었다.

다시 4년 후인 서기전 104년에 한 무제는 태초太初라는 연호를 반포하였다. 그 이유는, 이해의 음력 11월(자子의 달) 초하루가 육십간지六十干支에서 첫 번째 갑자甲子가 되는 날인 데다 그날 새벽 시각이 동지冬至라고 하는데, 중국 역학曆學에서 말하는 우주 원초의 시간과 같은 상태(갑자삭단동지甲子朔旦冬至)가 도래했기 때문이라고 한다.

이때 사마천 등의 제안에 따라 역법曆法을 개정하여 '태초력太初曆'을 만들면서 여태까지 새해로 여겨졌던 10월(해亥의 달)을 대신하여 정월正月(인寅의 달)이 새해가 되었다. '태초'는 '천지창조天地創造'와 같은 뜻으로 우주의 순환이 한 번 끝나고 새로운 순환이 시작함을 나타내는 연호이다.

사마천은 이 기념할 만한 서기전 104년에 『사기』의 저술을 개시하였지만, 서기전 99년 흉노匈奴(중앙유라시아 초원의 유목제국)에게 패하여 항복한 장군 이릉李陵을 변호하다가 한 무제의 노여움을 사 궁형宮刑에 처해져 환관이 되었다. 『사기』를 완성한 것은 그 후의 일로, 『사기』에 수록된 내용에 따라 아무리 늦춰 잡아도 서기전 97

년 정도가 된다.

어쨌든 사마천이 『사기』의 저술에 착수하게 된 계기가 서기전 104년에 우주가 원초의 상태로 되돌아가 역사가 완성에 이르렀다는 인식에 있었다는 것은 틀림없다. 이 인식은 단순히 역학 이론에서만 유래한 것은 아니다. 오히려 황제제도가 발전의 극한에 달했다는 당시의 현실을 반영한다. 역학 지식은 이러한 현실을 시기적으로 구분하기 위해 이용된 것에 불과하다.

황제黃帝는 누구인가

이제부터 『사기』의 내용을 처음부터 차례대로 살펴보도록 하자.

『사기』의 구성은 「본기本紀」, 「표表」, 「서書」, 「세가世家」, 「열전列傳」 다섯 부분으로 나뉘어 있다. 「본기」는 황제나 왕의 재위 중에 일어난 정치적 사건을 기술한다. 「표」는 정치세력의 흥망과 교체의 시간적인 관계를 보여준다. 「서」는 제도, 학술, 경제 등 문명의 여러 측면을 개괄한다. 「세가」는 진 시황제가 중국세계를 통일하기 이전에 있었던 지방 왕가王家와 통일 이후 지방에 왕조를 세웠던 역대 제후들의 행적을 기술한다. 그리고 「열전」은 저명한 인사의 행적을 전한다.

여기서 「본기」와 「열전」이 『사기』에서 가장 기본적인 부분을 이루기 때문에 후세의 중국 역사학에서는 『사기』의 체제를 가리켜 '기전체紀傳體'라 부른다.

『사기』 첫머리에 실려 있는 것은 「오제본기五帝本紀」 편이다. 여기서는 황제黃帝, 전욱顓頊, 제곡帝嚳, 요堯, 순舜이라는 다섯 '제帝'의 치세를 다룬다.

「오제본기」에서 처음으로 서술하는 황제의 행적은 저자인 사마천 자신이 섬겼던 한 무제의 행적과 일치한다. 사마천은 황제를 기술하면서 전쟁에서 계략으로 '천하(중국세계)'를 평정한 것, 이어서 천하의 동서남북의 변방을 순행한 것, 동방에서는 태산에 올라 제사를 지낸 것, 북방에서는 훈육葷粥(흉노)을 몰아낸 것 등을 두드러지게 언급한다. 그것들은 모두 한 무제의 행적과 그대로 일치하는데, 그중에서도 '토덕土德의 길조가 있는 까닭에 황제라 칭했다'고 하는 장면은 황제가 한 무제의 투영물이라는 가장 뚜렷한 증거라 하겠다.

서기전 104년에 한 무제가 역법을 개정하여 새해를 10월에서 정월로 바꾸었던 데에는 '수덕水德'이 '토덕'으로 바뀌었다는 의미도 있었다.

서기전 3세기 전반에 활약했던 철학자인 추연鄒衍은 자신의 우주론宇宙論에서 역사가 목木, 금金, 화火, 수水, 토土라는 다섯 개의 '덕德'(힘)에 의해 구분되고 차례대로 그 다섯 시대가 교체된다고 주장한 바 있다.

추연의 이론을 진 시황제가 서기전 221년 천하를 통일했을 때에 적용해 보면, 황제를 비롯한 오제는 '토덕', 오제에 이은 하夏 왕조는 '목덕木德', 은殷 왕조는 '금덕金德', 주 왕조는 '화덕火德'에 해당하고, 주 왕조를 대체한 진秦의 시대는 '수덕水德'에 해당한다. 사계절에서 '수덕'에 해당하는 때가 겨울이기 때문에 진에서는 겨울이 시작되는 달인 음력 10월을 새해로 정했다. 이는 진 시황제가 이

룩한 천하통일과 함께 우주의 순환이 최종 국면에 접어들었다는 사유방식에 토대를 둔 것이다.

진 시황제는 이전까지 사용했던 '왕王' 이라는 칭호를 버리고 '황제皇帝' (광휘光輝에 찬 하늘의 신神)라는 칭호를 새로 만들어 사용하였다. 이것이 황제제도의 기원이다. 시황제는 황제黃帝의 '토덕' 에서 시작된 '오덕' 이 한 바퀴를 돌아 '수덕' 의 시대로, 즉 우주의 순환에서 마지막 시대에 이르렀기 때문에 진은 영구히 지속되리라 생각했던 것 같다. 이를테면 그는 자신의 칭호(시호諡號)를 살아생전에 시황제始皇帝로 정하고 '후세부터는 그 수에 따라 2세, 3세라는 식으로 만세에 이르기까지 끝없이 전하라' 는 칙령을 내리고 있다. 실제 진은 2세 황제와 함께 멸망하고 말았지만 말이다.

한漢 고조高祖 유방劉邦은 진의 예를 따라서 황제라 칭했지만 특별히 시대가 변했다고는 생각하지 않아서인지 모두 진대秦代의 제도를 그대로 계승하였다. 서기전 104년 역법을 개정하기 전까지 10월을 새해로 정했던 데는 그러한 사정이 있었다.

그런데 한대漢代에도 고조의 치세가 지나자 '수덕' 의 시대가 우주 순환의 마지막이 아니고, 지금은 새롭게 되돌아와서 '토덕' 의 시대가 되었다는 의견이 나오기 시작했다. 서기전 165년에는 고조의 황자인 문제文帝가 '토덕' 설을 공식적으로 승인하고자 했다가 실패한 일이 있다.

이것이 2대 후인 무제 대에 이르러 서기전 104년에 마침내 실현되었다. 실제로 황제黃帝라는 신화 상의 천자가 느닷없이 부상하기 시작한 것은 무제 시대부터이다. 그 무제를 섬겼던 사마천이 『사기』

「오제본기」에서 황제黃帝의 행적에 무제의 행적을 투영시켜 토덕의 시대를 이상화하고 있는 것은 지극히 자연스러운 일이다.

'제帝'='배우자配偶者'

「오제본기」에 따르면 오제에서 제2대인 전욱은 황제의 손자이고, 제3대인 제곡은 황제의 증손이며, 제4대인 요는 제곡의 아들이다.

'태양과 같이 빛나는 사람'이란 뜻인 요는 해가 뜨고 지는 날짜를 바로잡아 1년을 366일로 측정했다. 그의 치세에 대홍수가 일어나 산과 언덕을 수몰시키고 하늘까지도 뒤덮을 기세가 되어 뭍 위의 사람들은 절멸의 위기에 놓이게 되었다. 요가 곤鯀(알이라는 뜻)에게 홍수를 다스리라고 명했는데 9년이 지나도록 성공하지 못했다. 요는 이에 책임을 지고자 퇴위를 결정하였고 순을 섭정攝政으로 임명하였다. 순은 전욱의 6대손이다. 순은 태양과 달 그리고 다섯 행성의 운행을 정비하고 모든 신들에게 제사를 올렸으며 형법刑法을 정함으로써 천하의 질서를 확립했다.

요의 사후 순은 요의 아들에게 제위를 양보하고 물러나려 했지만 각 제후들이 모여 지지를 보냈기 때문에 '하늘의 뜻이로구나' 하며 천자의 자리에 올랐다. 그가 오제의 다섯 번째인 순이다.

그런데 '제帝'란 대체 무엇인가.

'제帝'라는 문자에 '구口'를 덧붙이면 '원수 적敵', '맏아들 적嫡', '편안할 적適'에서 한자의 오른쪽 부분, 즉 방旁이 된다. '제帝'의 발음도 본래는 위의 문자들과 같았다. 어깨를 나란히 하는 것을

'필적匹敵' 한다고 하고, 본처를 '적처嫡妻' 라 하고, 빈틈없이 붙어 있는 것을 가리켜 '적당適當' 하다고 하는 데서 알 수 있는 것처럼, '제帝' 의 본래 의미는 '배우자' 였다. 서기전 221년 이전에 존재한 여러 도시국가에는 수호신이라 할 수 있는 갖가지 대지모신大地母神들이 있었다. 대지모신은 천신의 부인으로서 도시국가의 왕가의 시조를 낳았다. 그 대지모신의 배우자인 천신이 바로 '제帝' 인 것이다.

앞서 소개했던 「오제본기」를 보아도 알 수 있듯이, 황제黃帝의 치세는 현실에서의 인간세계가 아니라 신화의 세계에 속한다. 오제는 이처럼 가공의 존재임이 분명한데, 문제는 사마천이 『사기』에서 어떤 생각으로 인간 세계에 관한 역사의 첫머리에 오제와 관련된 내용을 실었는가 하는 데 있다.

타이어가 난무하는 최고最古의 왕조, '하夏'

「오제본기」 서술의 특징은 인류(중국인) 역사의 시초에서부터 '천하' 가 통합된 정치단위로서 성립해 온 것처럼 다루고 있다는 것이다. 그런데 『사기』가 「오제본기」에 이어 「하본기」, 「은본기」, 「주본기」에서 서술하는 시대는 이른바 '3대' 왕조인데, 이 시대에 관한 내용을 보면 오제 시대와 같은 중국세계의 통일은 보이지 않는다.

「하본기」의 내용은 다음과 같다.

전욱의 아들은 곤鯀이고, 곤의 아들이 우禹(뱀이라는 의미)인데 우는 하 왕조의 초대 천자이다.

요가 다스리는 시대에 곤은 인간 세계를 덮친 대홍수를 다스리는 데 실패하여 처벌을 받았다. 섭정을 맡은 순은 곤을 대신해 우를 등용하여 치수를 담당하게 하였다. 우는 13년에 걸쳐 쉬지 않고 치수에 노력하여 고산대천高山大川을 측정하고 구주九州(황하黃河 델타지대의 평원)를 개척하였으며, 구도九道(교통로)를 개통하고 구택九澤(호수)에 제방을 쌓고 구산九山(산맥)에 길을 뚫었다.

순은 우를 자신의 후계자로 지명하였다. 순의 사후 우는 순의 아들에게 제위를 양보하고 물러나려 했지만 천하 제후의 요청을 받아들여 천자의 자리에 올라 국호를 '하후夏后' ('후后' 는 '후侯' 와 동음으로 도시국가의 군주를 가리킴)로 삼았다. 우는 동방을 순행하다 회계會稽(강소성 소흥시)에서 죽었다. 우의 사후에는 그의 자손들이 왕위를 세습하여 제17대인 걸桀에 이르러 은의 탕왕湯王에게 멸망당했다.

「하본기」에 나오는 대홍수 이야기는, 그 서술형식으로 보건대 건국신화임이 분명하며, 우도 인간의 왕이 아니라 인간이 사는 세계를 창조한 신神일 것이다. 우의 이름이 '뱀蛇' 을 의미하는 것도 우연이 아니다. 하 왕조의 왕들과 관련해서는 용에 얽혀 있는 전설이 여럿 전해지고 있는데, 용은 동남아시아 사람들이 숭배하는 물의 신이며, '용龍' 이란 문자는 옛날에는 '강江' 과 같은 발음이어서 '수로水路' 를 의미했다. 장강長江보다 남쪽에 있는 하천은 모두 '강' 이라 불리고 있지만 이는 본래 타이어에서 비롯된 것이다.

더구나 옛 기록에서 하인夏人이 사는 마을이 있었다고 알려진 도시는 모두 북위 35도선에 맞닿아 늘어서 있는데, 이 도시들은 황하 유역과 회수 그리고 장강 유역의 분수령을 형성하는 진령산맥秦嶺山脈 남쪽 기슭에 위치하고 있어서, 각각 배를 타고 남쪽으로 내려가보면 회수와 한수漢水를 경유하여 장강을 빠져나와 절강성의 해안에 닿는 것이 가능하다.

『사기』의 「월왕구천세가越王句踐世家」 편에 따르면, 오월동주吳越同舟의 고사로 널리 알려져 있는 월越 왕가의 선조들은 우에게서 나왔고, 제6대인 하후소강夏后少康의 서자가 회계에서 세운 왕조가 월越이라고 한다. 회계는 우가 죽은 곳으로 그의 묘가 거기에 있다. 사마천과 동시대를 살았던 월인越人들은 절강浙江, 복건福建, 광동廣東 연안에 거주하면서 몸에 용 문신을 새겨넣었고, 배를 건조하는 기술이 뛰어났으며, 고기잡이와 벼농사를 생업으로 삼는 종족이었다. 오늘날까지도 이 지역의 중국인들이 구사하는 언어에는 타이어의 흔적이 눈에 띄게 남아 있다.

오늘날 하 왕조의 유적이나 유물이라고 확인된 것은 발견되지 않았지만, 동남아시아계의 문화를 북방으로 가지고 들어와 중국 문명에서 가장 오래된 기반을 다진 이들은 하인夏人으로, 남방에서 배를 타고 수로를 통해 올라와서 배가 닿은 황하 이남 각처에 도시를 세웠을 것이다. 대홍수의 전설이나 '알'에서 태어난 '뱀'이 왕조를 세웠다는 전설은, 최초의 도시국가를 물과 용에 관계가 깊은 동남아시아계의 사람들(동이東夷)이 건설했음을 보여주고 있다.

'은殷' 왕조는 북아시아의 수렵민

그러면 「하본기」에 이어서 「은본기」를 살펴보도록 하자. 은 왕조의 시조를 낳은 어머니는 간적簡狄('적狄'은 북방의 수렵민을 의미한다)이라 불리는, 유융씨有娀氏 부족의 딸이다. 간적은 제곡의 부인이 되었다.

어느 날 간적이 다른 두 언니와 함께 목욕을 갔다가 제비가 알을 떨어뜨리는 것을 보았는데, 간적이 이를 받아 삼켜 잉태하여 낳은 사내아이가 바로 설契이다. 설은 상商 땅에 왕조를 세우고 은殷 왕조의 시조가 되었다.

설의 13대손이 바로 탕湯이다. 하 왕조의 걸왕桀王이 폭정을 저지르자 탕은 제후들을 인솔하여 걸왕을 공격하였고 유융有娀의 언덕에서 하 왕조 군사를 격파하였다. 그리하여 탕은 제후들의 추대를 받아 천자의 자리에 올라 하 왕조를 대신하여 은 왕조를 세웠다. 또한 하 왕조의 역법에서는 봄의 첫 번째 달(인월寅月)이 정월이었는데 이를 개정하여 겨울의 마지막 달(축월丑月)을 정월로 삼았다. 복색服色도 백색(금덕金德의 색)으로 바꾸었다.

탕왕의 자손 역시 왕위를 세습했지만 제30대 주왕紂王이 폭정을 저지르자 주의 무왕武王이 제후들을 인솔하여 주왕을 공격하였고 목야牧野의 전투에서 은 왕조 군사를 격파하였다. 주왕은 자결하였고 무왕이 은을 대신하여 천자의 자리에 올랐다.

「은본기」의 내용을 볼 때 은인殷人들이 북방의 수렵민(북적北狄) 출신이라는 것은 틀림없어 보인다. 여신女神이 밖에서 목욕을 하다가 하늘에서 떨어진 새의 알을 발견하고 이를 삼켜서 아이를 잉태하여 사내아이를 낳았다는 이야기는 북아시아의 수렵민이나 유목민에게서 공통적으로 나타나는 전형적인 건국 신화이다. 여신의 이름도 수렵민을 의미하는 '간적' 이다. 은 왕조가 실재했던 도시국가였다는 것은 확실한데, 이들은 몽골 고원에서 산서山西 고원을 거쳐 남쪽으로 내려와 황하 이남에 존재했던 하 왕조를 정복했을 것이다.

서방의 유목민이 건국한 '주周'

「은본기」에 이어서 「주본기」를 살펴보자. 주 왕조 시조의 어머니는 '강원姜原'('강姜' 은 '강羌'과 같은 뜻으로 서방의 유목민을 가리킨다)이라 알려져 있는데, 유태씨有邰氏(태邰는 그들의 근거지로 섬서성陝西省 무공현武功縣 서안시西安市의 서쪽에 있다)의 딸이다.

강원은 제곡의 부인이 되었다. 어느 날 밖으로 나갔다가 거인의 발자국을 보고는 신기해하면서 그것을 밟으니 몸이 꿈틀거리면서 아이를 잉태하였는데 결국 달을 다 채워서 사내아이를 낳았다. 강원은 그 아이를 불길하게 여겨 비좁은 골목에 버렸으나 지나가던 소와 말이 모두 피하면서 밟으려 하지 않았다. 다시 아이를 산속 수풀더미에 버리려 하자, 어찌 된 일인지 산속에 사람들이 우후죽순 모여들었다. 다시 아이를 데려다 도랑의 얼음 위에 버리자 이번에는 날짐승들이 날아와 날개로 아이를 품어 주었다. 강원이 불가사의한 일이라 생각하여 아이를 데려와 길렀다. 처음에 아이를 버리려고 했기 때문에 이름을 '기棄' 라고 붙였다. 기가 바로 주의 시조이다.

기의 아들은 융적戎狄 지역에서 자랐다. 그의 자손은 대대로 황복皇僕('복僕'은 수레를 모는 이를 뜻한다), 고어高圉, 아어亞圉('어圉'는 '복僕'과 같은 뜻으로 역시 수레를 모는 사람을 뜻한다)와 같은 이름이 붙여졌다. 아어의 손자인 고공단보古公亶父는 융적에게 공격을 받아 기산岐山(섬서성 서부의 기산현岐山縣과 봉상현鳳翔縣 일대) 아래로 이주했는데, 여기에서 처음으로 융적의 생활풍습(유목遊牧)을 고쳐 도시를 건설했다. 고공단보의 손자가 서백西伯 창昌(주周 문왕文王)이다.

서백 창은 섬서 지역에서 큰 세력을 형성하여 하남河南과 경계가 닿을 정도까지 진출하자 스스로 천명天命을 받았다고 선언하였다. 천명을 받은 7년 뒤에 서백 창이 죽자 그의 아들인 발發이 즉위하니, 그가 바로 주周 무왕武王이다.

천명을 받은 지 11년 되던 해에 무왕은 대군을 이끌고 낙양시의 북쪽에 위치한 맹진孟津 나루터에서 황하를 건너 은을 침공했다. 무왕은 은의 도읍인 상商(하남성河南省 안양시安陽市의 은허殷墟) 교외의 목야牧野에서 싸워 은의 군사를 패주시켰다. 주왕은 자결했다. 무왕은 은 왕조를 대신하여 주가 천명을 받았음을 선언하였다. 주는 초대 무왕에 이어서 자손들이 대대로 왕위를 계승하였다.

제5대 목왕穆王은 견융犬戎(서방의 유목민)을 정벌하였다.

제10대 여왕厲王이 폭정을 거듭하자 주나라의 국인國人(수도의 시민)이 반란을 일으켜 왕을 쫓아내었다. 왕이 부재하는 중에 주공周公과 소공召公 두 사람이 왕을 대신하여 정사를 돌보았는데 이를 '공화共和'(republic의 번역어인 공화정共和政의 출전이 이것이다)라 부른다. 『사기』의 「십이제후연표十二諸侯年表」는 이 사건이 서기전 841년에 일어났다 하였고, 이해부터 처음으로 연대를 기록하고 있다.

여왕이 세상을 떠나자 그의 아들인 선왕宣王이 즉위하였다. 선왕은 강씨姜氏라는 융戎(서방의 유목민인 '강羌'을 가리킨다)과 싸워 크게 패하였다. 선왕의 아들인 유왕幽王은 후계자 자리를 둘러싼 내분이 원인이 되어 견융의 침공을 받아 죽임을 당하였다. 유왕의 아들인 평왕平王은 여태까지 본거지였던 섬서를 버리고 동쪽에 위치한 낙읍洛邑(하남성 낙양시洛陽市)으로 천도하였다. 서기전 770년의 일로 이때부터를 춘추 시대라 한다.

주왕실은 쇠약해지고 강한 제후가 약한 제후를 병합하였다. 이윽고 전국 시대에 접어들었으며, 서기전 256년에는 서주西周가, 서기전 249년에는 동주東周가 진秦에게 멸망당했다.

이상이 『사기』 「주본기」의 내용이다.

시황제始皇帝의 천하통일까지 '중국'은 없었다

이상의 내용을 통해서 보면, 북방 유목민 출신인 은 왕조를 무너뜨린 주 왕조 역시 서방 유목민 출신임이 분명하다. 그뿐만이 아니다. 주 왕조를 멸망시킨 진秦도 『사기』 「진본기秦本紀」를 보면 역시 서방의 유목민이다.

「진본기」에 따르면 오제의 제2대 전욱의 자손인 여수女脩가 베를 짜고 있는 중에 제비가 날아와서 알을 떨어뜨렸다 한다. 여수가 그 알을 먹고 아이를 잉태하여 대업大業을 낳았다. 대업의 자손인 진영

• 중국의 사이四夷

오카다 히데히로岡田英弘, 『중국 문명의 역사』(講談社現代新書)에서 작성

秦嬴은 서융 지역에 살았는데 주나라 제8대 효왕孝王의 말을 사육하면서 처음으로 진秦(감숙성甘肅省 청수현淸水縣)에서 살게 되었다. 이때부터 이들은 대대로 서융과 싸우게 되었다. 주 평왕이 섬서 지역을 버리고 황하 이남으로 천도한 뒤 진은 기산岐山의 서쪽인 섬서와 감숙 지대를 영유하였고 처음으로 제후의 반열에 들어갔다.

춘추 시대 진秦 목공穆公(서기전 659~621년 재위)은 동쪽으로는 황하의 만곡부彎曲部까지 진출하였고 서쪽으로는 서융의 왕을 격파하여 열두 도시와 천 리에 이르는 토지를 손에 넣음에 따라 서융의 패자覇者('패覇'는 '백伯'과 같이 연장자 혹은 필두筆頭라는 뜻을 갖는다)가 되었다.

전국 시대에 들어오면 진 혜문왕惠文王은 서기전 325년 처음으로 왕이라 칭하였다. 혜문왕의 4대손이 바로 시황제로 서기전 221년에 모든 도시국가를 정복하여 처음으로 천하를 통일하였고 최초의 황제가 되었다.

「진본기」에 이어지는 「진시황본기秦始皇本紀」부터 사마천이 섬겼던 한 무제의 치세를 서술한 「금상본기今上本紀」까지가 서기전 221

년에 처음으로 성립했던 중국세계의 역사이며 이때부터가 진정한 의미에서 중국사라 할 수 있다. 말하자면 『사기』의 첫머리에 실려 있는 다섯 편, 즉 「오제본기」부터 「진본기」까지는 중국 이전의 역사인 것이다.

지금까지 설명한 내용을 통해서 보면, 최초의 군주라 여겨지는 황제黃帝를 비롯하여 하 왕조의 시조인 우나 은 왕조의 시조인 탕도 '천자'의 자리에 올랐다고 기록되어 있기는 하다. 그러나 '천자'는 '황제皇帝'와 동의어이다. '천하' 전체를 통치하는 황제란 지위는 실제로 진 시황제부터 시작한다. 여기에서 사마천이 주장하고 있는 것은, 역사적으로 황제를 가리키는 다른 명칭이 있기는 하지만, 그 역할은 태초부터 존재해왔기 때문에 황제를 중심으로 하는 '천하'(중국세계)도 태초부터 존재해왔다는 것이다.

그러나 사마천의 주장은 모순적이어서 『사기』 자체의 서술을 따라 그대로 읽어보면 오제는 신神이라고밖에 생각할 수 없다. 가장 오래된 왕조라고 여겨지는 하 왕조는 동남아시아 계열의 문화를 가진 '동이東夷'였고, 그 하 왕조를 정복했던 은 왕조는 동북아시아 계열의 수렵민인 '북적北狄'이었으며, 은 왕조를 무너뜨린 주나라는 북아시아 계열의 유목민인 서융西戎이었고, 주나라를 평정했던 진나라도 마찬가지로 '서융'이었다. 즉 서기전 221년 진 시황제에 의한 천하통일 이전에는 아직 중국이라 부를 수 있는 세계는 없었을 뿐더러 중국인이라 부를 수 있는 민족조차 존재하지 않았던 것이다.

'정통'과 '천명天命'

하, 은, 주 모두 그 실상은 왕조의 이름에 상응할 만한 것은 아니었다. 여러 도시국가 중에는 군사력이 꽤나 강력한 세력도 없지 않았다.

특히 주나라는 수많은 제후를 '봉건封建' 했다고 하는데, 이는 언뜻 보면 천하를 통일한 다음 천자의 자격으로 국토를 나누어준 것인가 하는 인상을 주기도 한다. 그러나 '봉건' 의 본래 의미는 모도시母都市에서 무장집단이 나와 다른 토지에 새로운 도시를 건설하는 것이다. '봉건' 한 새 도시는 모도시의 지배를 받지 않는 독립된 정치생활을 누렸다.

이를테면 주나라에서 떨어져 나와 산동 지역에 '봉건' 된 노魯나라의 기록인 『춘추春秋』는 서기전 772년부터 서기전 481년까지의 기년紀年을 노은공魯隱公에서 노애공魯哀公에 이르는 역대의 여러 노나라 제후의 재위 연수에 따라서 표시하고 있을 뿐 주나라 왕의 재위 연수를 기준으로 삼고 있지는 않다. 이렇게 보면 중국세계(천하)가 아직 성립하지 않았음은 물론이고 통일되지도 않았음을 알 수 있다.

사정이 이러한데도 『사기』가 하, 은, 주를 실제로 중국을 통치했던 진 시황제나 한 무제 등과 나란히 「본기」에 싣고 있는 까닭은 '정통正統' 이라는 이론에 토대를 두고 있기 때문이다. 어떤 정치세력이라도 실력만으로는 지배가 불가능한 탓에 피지배자의 동의를 얻기 위해서는 무언가 법적 근거가 필요하다. 중국세계에서는 그러한 근거가 '정통' 이라는 관념이었다. 유일무이한 '정통' (중국세계의 통치권)이 천하 어느 곳에서나 늘 존재하고 그것이 오제에서 하로, 하에서 은으로, 은에서 주로, 주에서 진으로, 진에서 한으로 이어졌다는 것이다. 이 '정통' 을 이어받는 왕조만이 '전통傳統' 이 될 수 있다.

'전통' 을 이어받는 절차는 세습이 원칙이다. 오제는 황제와 그의 자손이며, 요는 순에게로 순은 우에게로 '선양禪讓' 했기 때문에 문제가 되지 않는다. 문제는, 무력으로 하를 무너뜨린 은의 탕왕과 은을 무너뜨린 주의 무왕이 어떻게 '정통' 을 이어받았다고 인정할 수 있는가 하는 것이다. 이에 대해서는, 왕조의 '덕德' (힘)이 쇠퇴하면 '천天' 이 그 '명命' 을 거두어들여 ('혁명革命') 새로운 왕조가 '천명' 을 받게 되는 ('수명受命') 식으로 '정통' 이 옮겨진다고 설명된다.

더구나 계보상에서는 3대의 왕조 모두 황제黃帝의 자손이라고 쓰여 있다. 하후夏后 우禹는 전욱의 손자이며 전욱은 황제의 손자이다. 은 왕조의 시조인 설契의 어머니는 제곡의 부인이며 제곡은 황제의 증손이다. 주의 시조인 기棄의 어머니도 제곡의 부인이었다. 하, 은, 주 3대뿐만이 아니다. 진秦 왕실도 전욱의 자손으로 여겨지기 때문에 시황제 역시 황제에게로 거슬러 올라가는 '정통' 을 보유한, '천명' 을 받은 천자라 할 수 있다.

중국과 대만 관계에도 영향을 끼치고 있는 '혁명革命' 이라는 이론

이처럼 오래전에 존재했던 도시국가의 왕가들은 문제가 없지만,

전한의 고조 유방과 같이 정말로 평민이 세운 왕조의 경우에 정통의 근거로 오로지 천명을 받은 '수명受命'과 천명을 바꾸는 '혁명'의 논리에 의지할 수밖에 없다. 더구나 천명은 추상적인 개념이기 때문에 천명을 뒷받침하기 위한 증거로 상서로운 자연현상('부서符瑞')이 대단히 중요해진다.

이런 까닭에 한 무제 시대에는 제사, 점술, 예언 등이 만연했다. 후세의 왕조 역시 한나라에 못지 않게 이전 왕조로부터 '정통'을 이어받았다는, 즉 천명을 보유하고 있음을 입증해야 할 상황에 맞닥뜨림에 따라, '선양'의 형식을 가장하거나, 이전 왕조의 황제권을 상징하는 유품을 과시하거나 하는 식으로 '혁명'과 '수명'을 정당화하는 데 수단 방법을 가리지 않았다.

진 시황제가 만든 옥새玉璽에는 '수명우천受命于天, 기수영창旣壽永昌'이란 여덟 자가 새겨져 있는데, 이를 한 고조가 손에 넣어 '한전국새漢傳國璽'라 이름을 붙인 다음 대대로 황제가 사용하게 하면서 옥새는 한나라 이후에도 '정통'을 주장하는 군주들의 주요 쟁탈 대상이 되었거니와, 이러한 사정은 오늘날까지도 좀처럼 변하지 않고 있다.

신해혁명辛亥革命을 통해 청조淸朝의 선통제宣統帝로부터 선양을 받은 중화민국中華民國은 대륙을 잃고 대만臺灣으로 옮겨간 후에도 북경北京 고궁古宮에서 소장하고 있던 송宋, 원元, 명明, 청淸 대 황제들의 비보秘寶를 넘겨주지 않았고, 이를 자신들이 역대의 '정통'을 계승한 유일무이한 중국정부임을 주장하는 증거로 제시하고 있다.

반대로 대륙의 중화인민공화국中華人民共和國이 일국일정부一國

一政府라는 원칙을 준수하지 않는 대만에 대해 이전 중화민국이 사용하던 국호國號와 국기國旗를 폐지하라 계속해서 요구하고 있는 것도, '정통' 은 언제나 단 하나밖에 존재하지 않는 까닭에 중국인이 세운 그 밖의 다른 대등한 국가가 존재하는 것을 인정해 버리면 중화인민공화국 자체가 '정통' 정권이 아니며 따라서 존립할 기반을 잃어버린다는 데 그 이유가 있다.

따라서 어떤 정권이 어떤 정권을 계승했다고 하는 '정통' 이란 관념은 중국인이 가진 역사관의 핵심을 이루는 특이한 관념이라 할 수 있으며, 이는 중국세계 최초의 역사였던 『사기』에서 가장 먼저 완성된 형태로 드러난다 하겠다.

시간을 지배하는 자

'정통' 이라는 관념은 시간을 헤아리는 방법에서 다시 한 번 드러난다. 군주의 재위 연수를 기준으로 삼아 햇수를 명기하는 기년법紀年法에서는 즉위년(즉위칭원卽位稱元) 아니면 그 다음 해(유년칭원踰年稱元)를 원년으로 삼는데 이는 군주가 시간의 지배자임을 보여주는 것이다.

당초에는 1대에 원년은 한 번뿐이었지만 한漢 문제文帝 때인 서기전 164년에 태양이 자오선을 하루에 두 번 통과하는 '일재중日再中' 이란 현상이 있어서 그 다음 해를 두 번째 원년(개원改元)으로 삼았다. 문제의 뒤를 이은 경제景帝도 두 차례 개원을 하였고, 경제의 뒤를 이은 무제는 6년마다 개원을 시행하다가 서기전 110년에 행한 봉선의식을 계기로 새로운 원년을 원봉원년元封元年으로 삼았다. 이것이 연호年號의 기원이다.

이후 황제의 연호를 사용하지 않는 자는 시간을 지배하는 황제의 권한을 인정하지 않는 자이기 때문에 황제에게 맞서는 반역자로 간주하게 되었다.

당대唐代에 일본에서 파견한 견당사遣唐使가 국서國書를 가지고 가지 않았던 데는 국서에는 일부日附가 필요하다는 문제가 있었다. 일부를 당唐의 연호로 기재한다면 일본 천황이 당 황제의 신하임을 스스로 인정하는 꼴이 되고, 일본의 연호를 사용하면 당 황제에 대한 적대 행위가 되기 때문이었다.

연호와 함께 시간에 대한 황제의 지배권을 보여주는 것이 역법을 만들어 배포할 권리이다. 어떤 달을 정월로 정하고 어떤 날을 초하루로 정할 것인가를 결정하는 것은 황제의 특권이다. 황제의 역법을 받아들이는 것을 가리켜 '정삭正朔을 받든다' 고 한다. 황제의 신하임을 표명하는 행위인 것이다. 사마천 등이 서기전 104년에 역법을 개정하여 태초력을 만든 것은 무제가 우주의 중심에 자리 잡고 있다는 것을 재확인하는 것이었다.

사마천의 『사기』는 이러한 '정통' 의 관념 위에서 신화 속 인물인 황제黃帝가 지배하는 '천하' 와 현실 속 인물인 무제가 지배하는 중국세계를 연결하는 매개 고리를 만들기 위해 실제로는 중국세계를 통일하지 못했던 하, 은, 주를 「본기」에 싣고 있는 것이다.

중국 역사가들의 숙명

「본기」와 함께 『사기』를 구성하고 있는 「열전」도 우리가 일반적으로 생각하는 것처럼 개인의 사적인 생애를 서술하는 전기가 아니다. 「열전」에는 주인공이 태어난 해는 물론 죽은 해도 기록하지 않은 것들이 수두룩하다. 그 주인공이 공인公人으로서 어떤 황제와 어떠한 관계를 맺었는지를 황제제도의 틀 안에서 서술하는 것이 「열전」의 목적이기 때문이다. 그러므로 「열전」 또한 황제의 역사 중 일부에 지나지 않는다. 이러한 경향은 『사기』 이후의 '정사正史' 에서 더욱더 강해져서, 「열전」은 관료의 이력서와 황제에게 올리는 상주문上奏文을 그러모아 놓은 것에 지나지 않게 되었다.

『사기』에는 중국인을 다루지 않는 「흉노열전匈奴列傳」, 「남월열전南越列傳」, 「동월열전東越列傳」, 「조선열전朝鮮列傳」, 「서남이열전西南夷列傳」, 「대완열전大宛列傳」 등 언뜻 외국의 역사를 기술해 놓은 것처럼 보이는 일군의 「열전」들이 실려 있다. 그러나 '중국' 은 국가개념이 아니라 하나의 세계 개념이기 때문에 국경이라는 관념이 존재할 수 없다. 따라서 외국이라는 관념 역시 존재하지 않는다. 오로지 황제가 직할하는 도시를 가진 지역과 그렇지 못한 지역이 있을 뿐이다.

황제의 직할지 이외의 지역에서 사는 주민들이 황제와 어떠한 관계를 맺는가를 기술하는 것이 위에서 열거했던 특수한 「열전」들의 목적이며 이 또한 황제의 역사를 표현하는 방법의 하나이다.

『삼국지』 「위서魏書」 「동이열전東夷列傳」의 「왜인倭人」 조, 다시 말해 『위지왜인전魏志倭人傳』에서도 이러한 경향은 마찬가지여서, 『삼국지』의 저자 진수陳壽가 왜인에 관해 기록한 이유는 어디까지나 자신이 섬겼던 진晉 황제의 선조와 왜인들 간의 관계를 진나라 측에 유리한 쪽으로 서술하기 위한 것이지, 후세인들에게 왜인에 관한 객관적인 역사를 전해주고자 하는 가상한 의도가 있었던 것은 아니다.

어쨌든 사마천의 『사기』는 중국 문명에서 역사의 성격을 결정했다. 황제가 통치하는 범위가 '천하', 즉 세계이며 이 '천하'만이 역사서술의 대상이라는 것이다.

다시 말해 중국 문명의 역사는 황제의 역사이며 영구히 변하지 않는 '정통' 역사이다. 『사기』 이후에도 각각의 시대마다 공인된 '정사正史'가 『사기』의 형식을 한 치도 바꾸지 않고 그대로 답습하여 황제를 중심으로 하는 세계(중국)에 관한 서술을 계속해가는 것이 중국 역사가들이 지닌 숙명인 것이다.

제2장

반고班固의 『한서漢書』
— 단대사斷代史의 출현

『한서』를 집필한 진짜 목적

『사기』가 다루는 시대 범위는 오제五帝에서 시작하여 하, 은, 주, 진 왕조를 거쳐 사마천이 살았던 한 무제 치세의 중반까지이다. 이처럼 여러 왕조에 걸쳐 있는 체제의 역사서를 후세 중국사학사에서는 '통사通史'라 부른다.

반면 하나의 왕조만을 다루는 역사서를 '단대사斷代史'라 부른다.

사마천이 『사기』를 저술하고 약 180년이 지난 뒤에 반고班固(32~92년)가 『한서』 100편을 저술했다.

『한서』는 『사기』와 다르게 '단대사' 체제를 취해 서기전 206년 한 고조의 즉위에서 시작하여 한의 찬탈자 왕망王莽이 서기 23년에 멸망하기까지를 기술하고 있다. 즉, 실질적으로 한 왕조만을 다루는 역사서인 것이다. 『한서』 이후의 '정사'는 모두 '단대사' 체제를 취하고 있다.

그러나 『한서』를 보면 고조에서 무제까지의 부분은 기본적으로 『사기』를 그대로 본뜬 데 불과한데, 반고가 왜 『사기』에 이어 '통사'가 아닌 새롭게 한대漢代 만을 다루는 '단대사' 체제를 취했는가가 문제로 남는다. 이에 대해서는 반고가 유가儒家이고, 유교가 왕망에 의해 중국에서 통치원리가 되는 경위를 기술하는 것이 『한서』를 저술한 진짜 목적이기 때문이라고 답할 수 있다.

유교 융성의 참된 설립자

유가는 산동 곡부曲阜에 근거지를 두는 교단으로 중간관리직을 양성하는 데 주된 역할을 맡아왔지만 진 시황제 시대는 물론 한대에 들어와서도 유교가 실제 정치에 영향을 준 적은 없었다. 『한서』「무제기武帝紀」 서기전 136년 조條에 '오경박사五經博士를 설치했다' 는 기사가 있고, 통설로는 이로써 유교가 중국의 국교國教가 되었다는 것을 의미한다고 여겨져 왔다. 그러나 이는 아주 터무니없는 주장이다.

'오경五經' 이란 『시경詩經』, 『서경書經』, 『예기禮記』, 『역경易經』, 『춘추春秋』를 일컫는 말로 모두 유교의 경전에 속한다. '박사博士' 란 텍스트 읽는 법을 가르치는 관직을 말한다. 유교의 경전에 해당하지 않는 다른 여러 학파의 텍스트에 대해서도 읽는 법을 가르치는 박사란 관직이 설치되어 있었던 까닭에 '오경박사를 설치했다' 는 기사는 여태까지 공인 받지 못했던 유교가 서기전 136년이 되어 비로소 다른 학파와 나란히 그 존재를 공인 받았다는 의미로밖에 볼 수 없다.

국교로 지정한다면, 로마 황제 테오도시우스가 392년에 했던 것처럼 국교 이외의 종교를 법률로써 금지해야만 하는데, 한 무제가 유교를 중국의 유일한 종교로 하는 법령을 제정했다는 것은 무제를 섬겼던 사마천의 『사기』에조차 쓰여 있지 않다. 뿐만 아니라 바로 『한서』에는 유교의 정치적 지위가 낮아서 도저히 국교라 부를 수 없었음을 증명하는 다음과 같은 기사가 실려 있다.

전한前漢 원제元帝(서기전 49~33년 재위)는 8세에 황태자로 책

봉되었지만 성인이 되어서도 몸이 약했고 또 유학儒學을 좋아하였다. 아버지인 선제宣帝(서기전 74~49년 재위)가 법가法家를 중용하여 엄벌주의를 통치 방침으로 삼았는데, 어느 날 원제가 내전內殿에서 선제에게 아뢰기를 "폐하의 형벌은 너무 가혹하니 유생儒生을 등용하시는 것이 좋겠습니다" 하였다. 그러자 선제가 얼굴빛이 달라지며 질책하기를 "한가漢家에는 고유한 제도가 있다. 근본은 패왕覇王의 길로 그것을 응용한 것이다. 덕德이나 가르침教을 말하는 주周의 정치 따위가 무슨 도움이 되겠느냐. 그런데도 속유俗儒는 현실의 사정을 이해하지도 못하면서 옛날이 살기에 좋았고 지금은 나쁘다면서 백성들을 현혹하여 판단을 그르치게 한다. 저들에게 어찌 정치를 맡길 것인가" 하였고 "장차 우리 가문을 어지럽히는 자는 태자이리라" 하며 탄식하였다.

이는 『한서』 「원제기元帝紀」에 나오는 기사로 선제는 무제의 증손이다. 오경박사를 설치한 지 100년이 지난 뒤에도 유교에 대한 평가가 얼마나 낮았는지를 알 수 있다.

선제의 불길한 예감이 맞아떨어진 것인지, 유교에 호의적이던 원제가 죽은 지 불과 40년 만에 한의 제위는 원제 황후의 조카인 왕망의 손에 들어가게 되었다.

대체로 학문이라는 것은 미래의 예측을 궁극적인 목적으로 하는데, 서력기원 경의 유교도 마찬가지로 당시의 온갖 학문을 종합함으로써 미래를 예측하는 하나의 거대한 체계로 성장하고 있었다. 유교의 열렬한 추종자였던 왕망은 유교에서 예언한 대로 한을 접수하고 유교 원리에 따라 통치하였는데, 그 결과 중국세계는 전면적으로 붕괴하여 왕망도 멸망하고 말았다. 왕망은 멸망하였지만 한을 재건한 유수劉秀(후한後漢 광무제光武帝) 역시 유교를 추종하였던 까닭에 유교는 후한에서도 통치원리로서의 지위를 유지하였다. 즉, 유교의 융성은 왕망 덕분이라 하겠다.

『한서』의 말미에는 「서전敍傳」이란 것이 한 편 있어서 저자인 반고의 출신과 저술 의도를 서술하고 있는데 여기에서 반고가 왕망에게 가졌던 호의가 여실히 드러난다.

반씨班氏와 왕씨王氏

「서전」에 따르면 반씨班氏의 선조는 초楚와 동성同姓이다. 진秦이 초를 멸망시키자 그 주민들이 산서성山西省으로 이주했는데 반고 가문의 시조는 이때 처음으로 반씨를 성으로 삼았다.

반일班壹(반고의 7대조)은 진 시황제 말에 거주지를 안문군雁門郡의 누번樓煩으로 옮겼다 한다. 누번은 오늘날 산서성 북부에 위치한 현으로 몽골 고원과 접해 있는 국경지대이다. 반일은 여기서 소, 말, 양 등을 1,000여 마리 소유하는 지방 유력자가 되었다. 이때는 전한의 통치가 시작하여 안정적 국면에 접어들었던 효혜제孝惠帝와 여태후呂太后 시대로, 반일은 변방의 재력가로서 그 위세가 향리鄕里를 압도하여 집을 드나들거나 사냥할 때도 기旗를 세우고 음악을 연주했으며 100세가 넘도록 오래 살았다. 북방에 '일壹'을 이름으로 삼는 사람이 많은 것은 이 때문이다.

반일의 아들은 반유班孺(반고의 6대조)이다. 반유는 협객俠客으로

주州와 군郡의 사람들은 그를 기리는 노래를 불렀다.

반유의 아들은 반장班長(반고의 5대조)이다. 반장은 관직에 나가 상곡군上谷郡의 태수를 지냈다.

반장의 아들은 반회班回(반고의 4대조)이다. 반회는 무재茂材(출중한 재능을 가진 자)로 장자현長子縣의 현령을 지냈다.

반회의 아들은 반황班況(반고의 증조부)이다. 반황은 효렴孝廉(관리가 될 자격을 가진 자)에 천거되어 공적을 쌓았는데 상하上河의 농도위農都尉를 지냈다. 대사농大司農이 상주하는 관리에 대한 성적평가에서 매년 1등을 차지한 덕에 중앙으로 불러들여져 좌조左曹의 월기교위越騎校尉가 되었다.

그런데 전한 원제의 황후(원후元后)는 왕씨王氏 가문 출신으로 성제成帝를 낳은 인물이다. 서기전 33년 원제가 죽자 성제가 21세의 나이로 즉위하였는데 이때 원후의 오빠인 왕봉王鳳이 후견인 자격으로 대장군에 임명되어 정사에 관한 전권을 장악하였다. 왕씨가 세력을 얻은 것은 그 이후의 일이다. 왕봉의 동생인 왕만王曼의 아들이 바로 왕망이다.

반고의 증조부인 반황은 성제의 치세에 들어와 딸이 첩여婕妤(황제의 후궁, 반첩여班婕妤)로 봉해짐에 따라 관직에서 물러나 자택에서 칩거하였다. 이미 가문의 재산은 수천 금을 넘어서고 있었다.

서기전 31년 성제는 우부풍右扶風 위성현渭城縣(함양咸陽) 연릉정延陵亭에 어릉御陵을 만들기 시작했다. 그러나 서기전 20년 성제는 연릉정에 행차하고는 어릉을 만드는 것을 취소하고 새롭게 경조윤京兆尹 신풍현新豊縣 희향戲鄕이란 땅을 창릉현昌陵縣이라 개명하고 이듬해인 서기전 19년 여름에 군郡과 국國의 부호 중에서 재산이 5백만 금 이상인 5,000호를 창릉으로 이주시켰다. 반황도 이때 창릉으로 이주하여 살게 되었다.

그런데 창릉의 공사가 대규모여서 몇 년이 지나도 완성되지 않았다. 결국 서기전 16년에 창릉에서 공사를 취소하고 이주시켰던 대신과 명사名士는 모두 장안長安에 머무르게 했다. 반황도 함께 장안에 머무르게 되었다. 이때부터 반씨班氏는 우부풍右扶風 연릉현延陵縣에 거주하였다.

'신神과 같다'고 경외하던 종조부

반황은 모두 세 명의 아들을 두었는데 반백班伯(반고의 종조부), 반유班斿(역시 반고의 종조부), 반치班穉(반고의 조부)이다.

반백은 어려서 사단師丹에게 『시경』을 배웠다. 대장군 왕봉의 추천으로 관직에 나갔는데 용모가 몹시 아름답고 목소리도 절도가 있어서 중상시中常侍(궁중에서 항상 황제의 시종을 드는 사람)에 임명되었다.

때마침 그즈음에 성제가 학문에 흥미를 가져서 반백에게도 조칙을 내려 황제의 학우學友로 삼았다. 이후 반백은 봉차도위奉車都尉가 되었다. 그러나 얼마 지나지 않아서 학문에 대한 성제의 관심이 식어버림에 따라 반백은 궁중에서 나와 왕씨(원후의 일족)와 허씨許氏(황후 허씨許氏의 일족) 집안 자제의 가정교사가 되었는데 이는 반백에게 그렇게 내키는 일이 아니었다.

반백의 가문은 원래 북방에 근거지를 두었던 탓에 흉노로 가는 사절에 여러 차례 임명되었다. 서기전 25년 흉노의 선우單于(흉노제국의 황제)가 전한을 방문했다. 이때의 선우는 전한과 동맹을 맺어 '후궁 양가자良家子' 왕장王牆, 즉 왕소군王昭君과 결혼한 호한야呼韓邪 선우의 동생이었다. 그리고 왕소군은 원후의 일족이었다. 이 선우는 왕소군과 재혼했기 때문에 전한 성제와도 인척관계가 된다. 성제는 반백을 사자로 삼아 선우를 국경에서 맞이하게 하였다.

그 도중에 우연히 정양군定襄郡(산서성의 대동大同)의 부호 한 명이 원한을 품고 호종하던 관리를 살해하는 사건이 일어났다. 반백은 이를 보고하면서 자신에게 정양군의 태수를 맡겨달라고 주청하였다. 성제는 시중侍中이자 중랑장中郎將인 왕순王舜을 파견하여 반백을 대신해 선우를 호송하게 하였고, 이어서 반백을 정양군의 태수로 임명하였다.

정양군 주민들은 반백이 원래 귀인貴人으로 나이도 어리고 스스로 난국을 풀겠다고 주청한 것을 듣고 처음에는 숨을 죽이고 있었다. 그런데 도착한 반백은 자신의 아버지나 조부와 비슷한 연령대로, 오래전에 신세를 진 바 있는 주민들을 초대하여 매일 좋은 음식으로 자손의 예를 올리기만 했다. 정양군 주민들은 안도의 한숨을 내쉬었다.

반백이 예를 갖춰 대접했던 주민들은 모두 부호로 반백이 내온 술에 취하자 범인을 잡자고 반백에게 권하면서 특별히 도적이 숨어 있는 곳을 알려 주었다. 반백은 "이것이야말로 제가 여러분들께 바라는 바입니다"라고 말하면서 정양군 속현屬縣의 장리長吏를 불러들이고는 사람을 뽑아 각자 분담하여 범인은 물론 그 밖에 숨어 있는 자들까지도 10일 이내에 모조리 붙잡아 들이라 명령하였다. 정양군 주민들은 부들부들 떨면서 이번 태수는 신神과 같이 모든 일을 알고 있는 사람이라고 수군거렸다.

1년 정도가 지나자 성제가 반백을 불러들였다. 반백은 글을 올려 안문군에 있는 선조의 묘소를 들르고 싶다 청하였다. 성제가 이를 허락하자, 군의 태수와 도위 이하 관리가 모두 모였다. 반백은 마을 사람을 불러 일일이 친절하게 인사를 나누었고 수백 금을 나누어 주었다. 주민들은 이를 명예롭게 여겼고, 장로는 이를 언제까지고 기억하겠다고 하였다.

이후 반백은 장안으로 향하는 도중에 중풍에 걸리고 말았다. 장안에 도착하자 성제는 시중, 광록대부光祿大夫의 자격으로 병을 다스리는 것을 허락하였고 포상도 매우 후했다. 그러나 몇 년이 지나도 반백은 좀처럼 회복하지 못했다.

어려움에서 벗어난 반첩여班婕妤

반고의 왕고모인 반첩여는 처음에는 허황후와 함께 성제에게 총애를 받았다. 성제가 어느 날 후궁後宮의 뜰에서 놀다가 반첩여에게 "짐과 함께 가마에 타라" 명하였다. 반첩여는 대담하게 황제의 명을 거절하고는 "옛 그림을 보면 현군賢君이나 성군聖君은 모두 명신을 곁에 두었습니다. 반면 하, 은, 주 3대의 마지막 군주들은 마음에 드는 첩을 곁에 두었습니다. 지금 소첩에게 가마에 오르라 명하시니 그때와 비슷하지 않습니까?"라 말했다. 성제가 마음으로 느낀 바가 있어서 명을 거두어들였는데, 성제의 모후인 원후가 이를 전해 듣고는 "반첩여가 있기 때문에 안심이 된다"며 기뻐했다.

그러나 이후 성제는 노래와 춤에 뛰어난 조비연趙飛燕이란 자매를 마음에 들어 하여 첩여로 삼았다. 조비연 자매가 갑작스럽게 총애를 얻자 반대로 허황후와 반첩여는 성제의 마음에서 멀어졌다. 조비연 자매는 이를 노려 허황후와 반첩여가 황제를 저주하고 있다고 참언했다. 서기전 18년 성제는 허황후를 폐위하고 일가친척을 죽이거나 유폐시켰다.

성제가 반첩여를 신문訊問하자 반첩여는 다음과 같이 말했다.

"소첩은 '사생死生과 부귀富貴는 천명天命에 달렸다' 배웠습니다. 그래서 좋은 일을 하고도 복을 바라지 않았으니 나쁜 일을 하였다 해도 달리 무엇을 바라겠습니까. 귀신이 알고 있다면 저주를 해도 들어주지 않을 것이고, 알고 있지 못하다면 저주를 한 것이 무슨 소용이 있겠습니까. 그러하니 소첩은 이 일과 아무런 관계가 없습니다."

성제가 반첩여의 대답을 듣고는 맞는 말이라 생각하여 반첩여를 풀어 주면서 황금 백 근을 하사하였다. 이후 반첩여는 조비연 자매가 두려워 장신궁長信宮에서 원후를 돌보기를 청하였는데 성제가 이를 허락하였다.

원후는 형제가 여덟 명 있었는데 동생인 왕만王曼만은 요절하여 제후가 되지 못하였다. 원후는 가엾게 여겨 왕만의 미망인을 동궁東宮에서 함께 살게 하였다. 그 아들인 왕망은 혼자였지만 어려서부터 사치스런 종형제從兄弟들과는 어울리지 않고 늘 몸가짐을 조심하였다.

서기전 22년 백부인 대장군 왕봉이 병을 앓자 왕망은 그를 정성껏 간병하였다. 왕봉은 임종하면서 원후와 성제에게 유언으로 부디 왕망을 잘 보살펴 달라 부탁하였다. 그리하여 왕망은 황문랑黃門郎으로 사성교위射聲校尉에 임명되었다.

얼마 후 왕망은 숙부들의 주청으로 서기전 16년 신도후新都候에 봉해졌고 이어서 기도위騎都尉, 광록대부光祿大夫, 시중侍中에 각각 임명되었다. 왕망은 성제의 지근거리에서 황제의 조칙을 받들어 전하게 되었지만 작위가 올라갈수록 더욱더 겸손하였다.

반백과 성제의 신뢰관계

이제 반고의 종조부인 반백으로 화제를 돌려보자. 반백은 장안長安으로 돌아오기는 했지만 병이 깊어 오랜 동안 성제를 섬기지는 못하였다. 그러자 성제가 몸소 반백을 방문하였는데 반백은 황송해하면서 결국 일을 떠맡게 되었다.

성제는 왕봉이 죽은 이후 부평후富平侯 장방張放 등을 마음에 들어했다. 황제가 신분을 숨기고 미복微服 차림으로 황궁을 나설 때에는 가마에 동승하여 말고삐를 잡았고 돌아올 때에는 황궁에 연회 자리를 마련하고서 시중드는 사람들 모두가 큰 술잔을 들고 크게 떠들며 즐겼다.

때마침 황제가 거처하는 곳에는 은殷의 주왕紂王이 애첩인 달기

妲己와 함께 밤새 술에 취해 노는 모습을 그려놓은 병풍이 있었다. 성제는 반백이 다시 관직을 받은 지 얼마 지나지 않았을 때 그림을 가리키며 반백에게 물었다.

"주왕의 무도함이 이 정도였는가?"

반백이 대답했다.

"『서경書經』에 이르기를 '곧 부인婦人의 말을 채용하라' 고 했으니 어찌 조정에서 아무렇게나 다리를 뻗고 앉아 있겠습니까. 이 그림은 온갖 악행들을 한데 모아놓은 것입니다. 실제는 이처럼 참혹하지는 않았습니다."

성제가 말했다.

"정녕 그런 정도가 아니라면 이 그림이 무슨 경계가 되겠는가."

반백이 말했다.

"『서경』에 이르기를 주왕이 '술에 빠져 있던 것' 이 미자微子가 주왕에게 관직에서 물러나겠다고 한 이유입니다. 『시경詩經』에 이르기를 '이로써 고하고, 이로써 부르짖는다' 고 한 것이 '대아大雅' 의 시인이 눈물을 흘렸던 까닭입니다. 『시경』과 『서경』에서 음란淫亂을 경계한 것이 모두 근원은 술에 있는 것입니다."

반백의 대답에 성제는 탄식하였다.

"내가 오랜 동안 반백 공을 보지 못하다가 오늘에서야 곧고 옳은 말을 듣게 되었다."

그러자 장방 등이 불만스러운 얼굴로 슬그머니 의복을 갈아입고 나가면서 그날의 연회는 끝이 났다.

이즈음 성제의 모후가 거처하는 장신궁의 내관이 간혹 와서 그 모습을 지켜보았다. 이후 성제가 장신궁에 원후의 문후를 여쭈러 오자 원후가 울며 말했다.

"요즈음 황제 폐하의 안색이 여위고 검어졌습니다. 시중 반백은 원래 대장군 왕봉이 천거했던 사람입니다. 부디 곁에 두시고 그에 합당한 벼슬을 내려 폐하의 덕을 높이는 데에 쓰시옵소서. 부평후 장방은 밖으로 내치셔야 합니다."

이에 성제가 고개를 끄덕였다.

거기장군車騎將軍 왕음王音이 그 소식을 듣고는 승상丞相, 어사御史와 손을 잡고 부평후가 저지른 죄를 추궁하는 글을 성제에게 올렸다. 성제는 이에 부평후 장방을 밖으로 내쫓아 변도위邊都尉로 삼았는데, 후에 또다시 궁중으로 불러들였다.

원후는 성제에게 서한을 보내 말했다.

"혀의 뿌리도 마르기 전에 부평후가 다시 돌아왔습니다. 제가 잠자코 있어야 하는 것입니까?"

성제가 용서를 빌며 말했다.

"말씀하신 대로 하겠습니다."

이때 반백에게 『서경』을 가르쳤던 허상許商은 소부少府, 『시경』을 가르쳤던 사단師丹은 광록훈光祿勳이었는데, 성제는 허상과 사단을 황궁에 불러들여 광록대부光祿大夫로 삼았다. 반백은 수형도위水衡都尉에 임명되어 두 스승과 함께 시중侍中이 되었다. 모두 녹봉이 2천 석에 이르렀다.

성제는 원후의 문후를 여쭈러 갈 때마다 반백을 데리고 갔다. 정사政事에서 결정을 내려야 할 때면 반백은 성제와 함께 공경公卿으로

지시되었다. 성제가 전처럼 연회를 열지 않고 경서經書를 익히기 시작하면서 원후는 크게 기뻐했다. 승상 방진方進이 재차 부평후 장방의 죄를 상주하자 성제는 마침내 장방을 고향으로 낙향시켰다.

이런 도중에 반백은 병이 깊어져 임종을 맞았다. 겨우 38세였다.

'비서秘書'를 감독하다

반백의 동생인 반유班斿(반고의 종조부)는 박학하고 재능이 뛰어났다. 좌장군左將軍 사단史丹이 반유를 천거하자 어전御殿에서 성제가 내린 질문에 답을 하여 급제하였고 의랑議郎에 임명되었다. 이때부터 간대부諫大夫, 우조중랑장右曹中郎將을 거쳐 유향劉向과 함께 비서秘書를 감독하게 되었다.

'비서를 감독한다'는 데는 약간의 설명이 필요하다. 책은 예전부터 있어 왔지만 인쇄술이 9세기 말인 당대唐代에 이르러 보급되기 전까지만 해도 어떤 책을 만들었다는 것을 알리기 위해서는 황궁의 도서관에 헌상해야만 했다. 이런 식으로 황궁에서 보존하고 있는 책이 바로 '비서'이다.

'비서'의 수집은 무제에서 시작하여 성제 시대에 번성하였다. 성제는 알자謁者 진농陳農에게 명하여 천하에 산재하는 서적을 모두 구하라 하는 한편, 광록대부光祿大夫 유향에게 경전經傳(경經의 주석), 제자諸子(학술서), 시부詩賦(시집)를, 보병도위步兵都尉 임굉任宏에게는 병서兵書(군사기술서)를, 태사령太史令 윤함尹咸에게는 수술數術(점복占卜에 관한 책)을, 시의侍醫 이주국李柱國에게는 방기方技(의학서)를 교정케 하였다. 책 한 편이 교정을 마칠 때마다 유향이 표제를 써서 대강의 뜻을 간략하게 적어 황제에게 올렸다. 이 이야기는 『한서』「예문지藝文志」에 나온다.

반유는 그 진행절차를 성제에게 보고하면서 책을 낭독하기도 했다. 성제는 그 능력을 높이 사 반유에게 비서의 필사본을 하사하였다. 이 당시만 하더라도 책이 아직 보급되지 않았을 때였다.

동평東平의 사왕思王 유우劉宇가 자신이 황제의 숙부라 말하면서 『태사공서太史公書』, 즉 『사기』와 제자諸子에 관한 책을 달라 청했을 때에도 대장군 왕봉이 『사기』에는 전국戰國의 연합이나 한초漢初의 기책奇策, 천하의 재변災變이나 지형에 대해 쓰여 있기 때문에 제후가 이를 가지는 것은 좋지 않다고 반대한 일도 있어 결국 하사하지 않았던 일이 있다. 그런 것을 반유에게는 하사한 것이니 그에 대한 성제의 신뢰가 어느 정도였는지 짐작할 수 있다.

반유도 반백과 마찬가지로 요절하였다. 자식으로 반사班嗣(반고의 아버지의 종형)를 남겼다.

반치班穉(반고의 조부)는 젊어서 황문랑黃門郎과 중상시中常侍를 역임하면서 성실하게 자신의 본분에 임했다.

성제는 자식이 없었기 때문에 서기전 8년 정도왕定陶王 유흔劉欣을 황태자로 삼았다. 성제는 여러 차례 태자가 거처하는 궁에 사람을 보내어 태자의 행동을 물어보았지만 반유만은 대답하지 않았다. 이듬해 성제가 붕어하고 황태자가 황제에 즉위했다. 그가 애제哀帝이다. 애제는 반유를 변방으로 보내어 서하西河의 속국屬國을 담당하는 도위로 삼았다. 반유는 이때부터 광평국廣平國(하북성 영년현永年

縣의 북쪽)의 상相으로 임명되었다.

왕망은 반유, 반치 형제와 동년배로 서로 사이가 좋아서 반유를 친형처럼 존경하고 반치를 친동생처럼 아꼈다. 반유가 죽었을 때 왕망은 문상하고는 고액의 향전을 냈다.

반고의 아버지, 반표班彪

애제는 황제가 되기는 하였지만 재위한 지 불과 6년 만인 서기전 1년에 붕어했다. 앞서 성제와 마찬가지로 아들이 없었다. 이러한 존망의 위기에 태황태후인 원후가 직접 나서서 대사마 왕망에게 정사에 관한 전권을 맡겼고 왕망과 의논하여 겨우 9살 먹은 애제의 사촌 아우 평제平帝를 황제의 옥좌에 올렸다.

정사에 관한 전권을 맡은 왕망은 각지에 사자를 보내 풍속을 살피고 부서符瑞(상서로운 징조)를 모았지만 반유는 아무것도 보고하지 않았던 반면에 낭야군琅邪郡 태수太守 공손굉公孫閎은 재해가 발생했다고 보고하였다. 당시 대사공大司空이었던 진풍甄豊은 급히 광평국과 낭야군에 속관屬官을 보내 "공손굉은 있지도 않은 재해를 날조하였고 반유는 상서로운 징조를 감추고 있으니 둘 다 불충한 무리들이다"라고 하며 일반 관리나 백성들로부터 보고하라 하였다.

그러나 원후의 중재로 공손굉만을 유폐하여 주살하였다. 반유는 두려워하며 상소를 올려 죄를 빌었고 상相의 인印을 반납하고 장안으로 돌아와 연릉원延陵園의 랑郞을 맡게 해달라고 청했다. 원후가 이를 허락하여 평생 원래의 녹봉을 받을 수 있게 하였다. 반씨班氏가 왕망이 정권을 잡고 있었을 때 관직을 받지 않아 이후 허물이 잡히지 않은 데는 이러한 까닭이 있었다.

반유는 반표(반고의 아버지)를 자식으로 두었다. 반표는 어릴 적에 사촌 형인 반사와 함께 고향을 떠나 객지에서 공부했다. 집에는 성제가 하사한 서적들이 즐비했고 재산도 많았다. 호고지사好古之士(역사를 좋아하는 사람)들이 먼 곳에서 찾아오면 아버지를 따르는 양웅揚雄 등이 함께 오곤 했다. 20세가 되던 서기 23년에 왕망이 패하여 죽었고, 25년에 후한後漢 광무제光武帝 유수劉秀가 하북성 백향현柏鄉縣에서 황제의 자리에 올랐다.

이때 외효隗囂라는 사람이 감숙성 남부 지방을 거점으로 삼아 재능 있는 인재들을 불러모으고 있었다. 반표는 처음에 외효를 주군으로 모셨지만 외효가 자신의 조언을 듣지 않는 것을 보고는 결국 감숙성 서부 지방으로 몸을 숨겼다. 이후 하서오군河西五郡(무위군武威郡, 장액군張掖郡, 주천군酒泉郡, 돈황군敦煌郡, 금성군金城郡)의 대장군 두융竇融이 반표를 등용하여 종사從事로 삼았다.

그러면 이쯤에서 『한서』「서전」이 아닌 범엽范曄(398~445년)이 찬술한 『후한서後漢書』「반표열전班彪列傳」의 이야기로 넘어가 보자.

두융은 서기 36년 광무제에게 투항하였다. 광무제가 "그대가 내 앞으로 보낸 서한은 누가 쓴 것인가"라 물었다. 두융은 "모두 종사 반표가 쓴 것이옵니다"라고 대답하였다. 광무제는 반표의 재능을 알아보고 곧바로 불러들였다. 반표는 사예司隸(수도인 낙양洛陽을 수비하는 하남윤河南尹과 옛 수도인 장안을 수비하는 경조윤京兆尹을 합친 부처)의 무재茂才로 천거되어 임회군臨淮郡 서현徐縣의 현령으

• 반고의 활동 권역

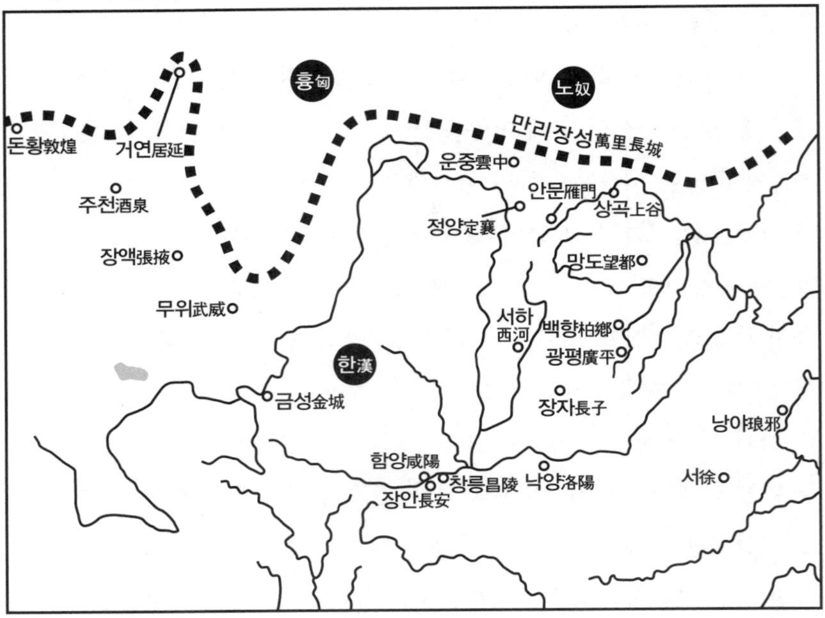

로 임명되었지만 병을 핑계삼아 관직에 나아가지 않았다.

반표는 글쓰기를 좋아했는데 특히 역사에 관한 책에 관심이 많았다. 한 무제 시대에 사마천이 『사기』를 썼지만 서기전 96년 이후에 일어난 사건에 대해서는 기록이 남아 있지 않았다. 그래서 반표가 「후전後傳」 10편을 저술했다. 반표는 이후에 중산국中山國 망도현望都縣(하북성)의 현장縣長으로 임명되어 관리와 백성들에게 존경 받았다. 서기 54년 그는 52세의 나이로 삶을 마쳤다.

『한서』, 마침내 완성되다

반표는 두 명의 아들을 두었다. 바로 『한서』의 저자인 반고와 후한의 서역도호西域都護를 지낸 반초班超가 그들이다.

반고는 9살에 문장을 쓰고 시詩(화북華北계 『시경』풍의 단가短歌)와 부賦(화중華中계 『초사楚辭』풍의 장가長歌)를 지어 불렀다. 해가 거듭될수록 온갖 서적에 통달하여 어느 것 하나 모르는 것이 없었다. 학문이 편벽되지 않았으며 특정한 학파에 소속되지도 않았다.

서기 57년 광무제가 붕어하자 4남인 명제明帝가 즉위하였고 동평東平의 헌왕憲王 유창劉蒼이 표기장군驃騎將軍에 임명되어 황제를 보좌하였다. 유창은 동각東閣을 열어 뛰어난 인재들을 불러 모았는데 15세였던 반고도 여기에 참가하였다. 그러나 아버지 반표가 세상을 떠나게 되어 고향으로 돌아왔다.

반고는 아버지가 저술한 『사기』의 속편이 상세하지 못하다고 생각하여 이를 완성시키리라 마음먹었다. 그러자 어떤 사람이 반고가 제멋대로 국사國史를 개작하려 한다고 명제에게 고발하였다. 명제는 명을 내려 반고를 체포하고 경조윤의 옥사에 가두고는 반씨 가문이 가지고 있던 책을 모조리 압수하였다. 반고의 동생인 반초는 반고가 모진 고문을 받아 자신을 변호하지 못할 것을 걱정하여 낙양의 황궁으로 찾아가서 명제에게 반고의 저술 진의를 상세하게 설명하였다. 경조윤도 반씨 가문의 서적을 황궁에 제출하였다.

전후사정을 안 명제는 역사서를 쓰고자 마음먹은 반고를 몹시 가상하게 여겨 불러다가 난대蘭臺의 영사令史(상서上書나 탄핵을 맡음)

로 삼으면서 다른 이들과 함께 『세조본기世祖本紀』(광무제의 일대기)를 완성토록 명하였다. 그리하여 반고는 랑郞에 임명되어 '비서秘書를 전교典校' 하였다. 즉 황궁의 서적을 교정하게 된 것이다.

또한 반고는 공신功臣인 평림平林(서기 22년 평림 사람 진목陳牧, 요잠廖湛 등이 왕망에게 반기를 들고 일으킨 군사), 신시新市(서기 17년 왕광王匡 형제가 신시에서 일으킨 녹림綠林의 군사), 공손술公孫述(서기 23년에 군사를 일으켰다) 등을 「열전列傳」, 「재기載記」 28편에 써넣어 황제에게 보고하였다. 그리하여 명제는 반고가 애초 계획하였던 역사서를 완성하도록 허락했다.

반고는 한 고조에서 왕망까지 12대에 이르는 230년의 사실을 모아 『한서漢書』를 「본기」, 「표表」, 「지志」, 「열전列傳」 등 100편으로 구성하였지만 반고가 집필에 온 힘을 쏟은 것은 영평永平(서기 58~75년) 연간으로 명제의 허락을 받은 지 20여 년 뒤의 일로 건초建初(서기 76~84년) 연간에 비로소 완성하였다.

반고의 말로末路

『한서』를 완성한 뒤 반고의 삶을 간략하게 살펴보자.

랑郞이 되고부터 반고는 더욱더 명제의 총애를 받았다. 서기 75년 명제가 붕어하고 5남인 장제章帝가 즉위했다. 장제가 문장을 좋아했던 탓에 반고는 여전히 총애를 받아 황궁에서 여러 번 서적을 낭독하였고 그러느라 밤을 새우기도 하였다. 장제가 황궁 밖으로 행차할 때마다 반고는 장제가 내려준 제목에 따라 부賦를 지어 바쳤다. 조정에서 중요한 논의가 있을 때에도 반고는 황제 앞에서 자신의 의견을 밝힐 기회를 얻어 상을 받을 정도로 황제의 후의가 두터웠다. 이후 반고는 현무문玄武門의 사마司馬를 맡게 되었다.

서기 79년 장제는 유학자儒學者를 불러 모아 오경五經을 강론하고 『백호통덕론白虎通德論』을 찬술하게 하였는데 반고를 그 책임자로 삼았다. 이것이 바로 『백호통白虎通』이다.

이후 반고는 어머니의 상喪을 이유로 관직에서 물러났다.

서기 88년 장제가 붕어하고 그의 4남인 화제和帝가 즉위하였다. 아직 10세에 불과했으므로 황태후 두씨竇氏가 섭정을 맡았다.

서기 91년 대장군 두헌이 흉노匈奴 정벌을 떠나면서 반고를 중호군中護軍으로 삼아 동참하게 하였다. 북흉노의 선우單于는 후한後漢과 화친을 맺고자 후한에서 사자使者를 파견해 달라 청하였다. 두헌은 반고에게 중랑장中郎將 수백 명을 거느리고 북흉노의 사자使者와 함께 거연새居延塞로 가서 북흉노를 맞이하도록 명하였다. 그런데 때마침 남흉노가 북흉노를 침공하였다. 반고는 사거해私渠海에서 그 소식을 듣고 곧바로 귀환하였다.

이듬해인 서기 92년에 두헌이 화제를 암살하려 했다가 실패하여 스스로 목숨을 끊었는데 이때 반고도 연루되어 관직에서 파면당했다.

반고의 자식들은 모두 법을 지키지 않아 지방의 관헌들이 애를 먹었다. 예전에 낙양현洛陽縣의 현령으로 부임했던 충경种兢이 부하들을 데리고 외출했을 때 술에 취한 반고의 노비들이 이 행렬에 난입하여 관헌들과 싸움을 벌이고 충경을 욕한 일이 있었다. 충경은 몹시 화가 났지만 두헌이 두려워 아무런 말도 하지 못하였다. 그런데 두헌이 실각하고 그를 따랐던 이들이 모두 잡혀 들어가 심문을 받게 되자 충경은 이 틈을 타 반고를 포박하여 옥에 가둠으로써 결국 반고는 옥중에서 죽고 말았다. 반고의 나이 61세였다.

여기까지가 『후한서』「반표열전」의 핵심적인 줄거리이다.

왕망王莽의 공적을 기리기 위해 쓰인 책

이때까지 살펴보았듯이 『한서』를 저술한 반고의 가문은 한漢 황실의 외척으로 왕망의 가문과 어깨를 나란히 하는 귀족이었으며 반고의 조부도 왕망과 절친한 사이였다. 그런데도 반고는 이러한 사실을 『한서』를 저술하게 된 동기와 관련하여 「서전」에서 자랑스럽게 기술하고 있다.

더구나 『한서』「원후전元后傳」에서는 왕망의 가문이 얼마나 고귀한 가문인지를 다음과 같이 기술하고 있다.

> 왕망은 황제黃帝의 후예이다. 황제의 8대손이 순舜이다. 순의 자손은 주 무왕에 의해 진陳의 군주로 봉해졌다. 13대손이 제齊에 망명하여 대신이 되어 스스로 자신의 성姓을 전씨田氏라 칭하였다. 그로부터 11대손인 전화田和가 제齊를 탈취하여 2대 후에는 왕씨王氏로 성을 바꾸었다. 제의 마지막 왕인 건建은 진秦에게 멸망당했으나 시황제 사후 항우項羽에 의해 건의 손자인 안安이 제북왕濟北王에 봉해졌다. 한漢 고조가 항우를 물리치고 천하를 장

악함에 따라 안安은 왕위를 잃었지만 제齊 사람들은 안安의 일족을 가리켜 '왕가王家'라 불렀다는 것이 왕씨王氏의 유래이다.

이처럼 왕망의 가문이 화려한 명문가인 데 비해 『한서』 첫머리의 「고제기高帝紀」에 기록되어 있는 한漢 황실의 태생은 그 선조도 알 수 없는 볼품없는 서민에 지나지 않는다. 이는 사마천이 쓴 『사기』 「고조본기高祖本紀」의 기사를 거의 그대로 가져온 것이다. 한 황실에 대한 반고의 냉담한 서술은 왕망의 화려한 계보에 대한 서술이나 왕망에게 총애를 받았던 자신의 조부를 명예롭게 그리는 것과 현저한 대조를 보인다.

반고는 왕망을 매우 존경하였다. 유교가 반고가 살았던 후한 초창기의 통치원리가 되었던 것은 왕망의 공적이었기 때문이다. 유교의 추종자였던 반고는 실은 왕망의 공적을 기리기 위해 『한서』를 저술한 것이다.

그러나 왕망의 행적만을 기술하는 것으로는 역사가 되지 않는다. 왕망은 한 왕조의 외척으로서 권력을 장악했기 때문에 그러한 전후 관계를 설명하기 위해서는 어쨌든 한 황실의 일대기를 기술해야만 하는 것이다. 앞서 사마천의 『사기』가 있어서 역사는 '기전체紀傳體'로 쓰는 것이 통념으로 여겨지고 있었다. 그러나 『사기』의 속편이라면 몰라도 이래서는 한 무제의 치세 중반부터 시작하게 되어 역사의 서술 체제를 잡을 수가 없다. 매듭을 짓고 역사를 새롭게 기술하기 좋은 때는 한 왕조 초대 황제인 고조 유방劉邦부터이다.

그러므로 『한서』가 취한 '단대사'라는 체제는 왕망의 공적을 기술하기 위해 형편상 채택한 것이지 처음부터 '단대사'를 의도한 것은 아니었다.

『사기』와 『한서』를 통해서 중국식 역사 문화가 완성되었다. 이후 1735년 『명사明史』에 이르기까지 완전히 같은 형식의 '기전체'와 황제 중심의 역사관을 취하는 '정사正史'가 2,000년 동안 역대 왕조에 의해서 쓰여 왔으니 이를 가리켜 일반적으로 '24사史'라 통칭한다.

그러나 이렇게 역사서의 체제와 역사관 자체는 고정되어 버렸지만 중국 문명의 운명은 이후에도 유동과 변환을 되풀이하는 것을 멈추지 않았다.

제3장

진수陳壽의 『삼국지三國志』
— '정통'의 분열

환관이 궁중에 대두하다

후한後漢의 제위는 초대 광무제光武帝(25~57년 재위) 이후 제2대 명제明帝(57~75년 재위), 제3대 장제章帝(75~88년 재위), 제4대 화제和帝(88~105년 재위)까지 부자직계로 상속되었다.

화제의 황후인 음씨陰氏 가문은 광무제의 황후를 배출하기도 한 명문가였다. 그런데 102년 음씨 일족이 체포되어 옥중에서 여러 명 목숨을 잃는 사건이 발생하였다. 황제와 황후 간의 부부관계가 나빠지자 황후가 황제의 애정을 되찾기 위해 저주 행위를 저질렀다는 것이 죄목이었다. 음황후는 폐비되어 곧 죽음을 맞았다. 황후의 부친은 자결하였고 형제는 베트남으로 몸을 피하였다.

음황후를 대신하여 궁중에서 세력을 쌓았던 이는, 음씨 가문과 비견될 만한 명문가인 등씨鄧氏 가문 출신인 등수鄧綏였다. 등황후는 용모가 아름답고 학식도 깊어 음황후가 폐비된 뒤 새로운 황후로 간택되었지만 행동은 매우 신중하여 급히 등씨 일족의 지위를 높이거나 하지 않고 한결같이 궁중에서 인망을 얻기 위해 소극적으로 처신하였다.

3년 뒤인 105년에 화제가 붕어함으로써 황태후인 등씨의 시대가 열렸다. 화제는 자식이 많지 않았는데 그나마 유일하게 장성했던 장남은 병약하였다. 그 밖에 십여 명은 모두 성인이 되기 전에 차례대로 세상을 떠났다. 등태후는 민간에서 화제의 서자庶子인, 태어난 지 고작 백여 일 된 황자를 찾아내어 제위를 잇게 하고 자신은 섭정攝政으로서 정권을 장악하였다. 그가 바로 상제殤帝이다. 그런데 이 어린

황제는 이듬해인 106년에 죽고 말았다. 등태후는 이번에는 죽은 화제의 동생의 자식을 황제에 즉위시켰다. 그가 안제安帝(106~125년 재위)이다.

등태후는 정부의 최고책임자들을 제거하고 거기에 자신을 따르는 파벌을 채워 넣었지만 이번에는 그 파벌 안에서 분열이 일어났다.

등태후는 여성이기 때문에 언제나 궁중의 후궁後宮에서 생활하고 있었다. 대전大殿에서 정사를 돌보는 고관高官들은 남성이니 후궁에 들어가는 것이 불가능했다. 전통 중국에서 후궁과 대전을 이어주는 역할을 맡은 것은 환관宦官, 다시 말해 거세한 남성들이었다. 그리하여 등태후가 실권을 잡자 측근에 있던 환관들이 세력을 키워나가기 시작했다.

그런데 등태후를 따르던 관료가 107년에 근위병을 동원하여 환관들을 제거하고자 모의했다가 실패로 끝나는 사건이 발생했는데 이는 등태후와 안제를 겨냥한 반역으로 간주되어 주모자인 사공司空(오늘날의 부총리) 주장周章은 자결할 것을 명받았다. 등태후가 121년에 사망하자 환관들이 본격적으로 정사에 개입하기 시작하여 해가 거듭될수록 환관의 영향력은 그칠 줄 모르고 커나갔다.

황건의 난이 유교를 쇠퇴시키고 도교를 일으키다

이때부터 중국에는 비밀종교결사가 등장한다.

시대를 거슬러 올라가 보면, 전한前漢이 건국하고 200년이 지난 서기 5년에 중국의 인구는 약 6,000만 명에 달하여 당시 경제적 수준에서 적정 규모를 훨씬 넘어서는 인구과잉 현상을 나타냈다. 자연히 사회 속에 여러 가지 불안이 형성되었는데 그 한 가지 현상이 한나라는 이미 그 명을 다했다는 염세주의가 만연한 것으로, 병약했던 당시 황제인 애제哀帝는 그해를 대초원장원년大初元將元年이라 개원하고 스스로 진성유태평황제陳聖劉太平皇帝라 칭하였다.

이는 감충甘忠이 저술한 『천관역포원태평경天官曆包元太平經』이라는 경전을 따른 것으로 천제로부터 바뀐 천명天命을 받아들이기 위하여 행한 일이었지만 얼마 지나지 않아 원래대로 되돌리고 말았다.

그러나 감충의 『천관연포원태평경』의 영향은 후세에도 남아 후한後漢 말기인 2세기부터 『태평청령서太平淸領書』라 불리는 '신서神書' 170편으로 모습을 바꾸어 다시금 출현하였다. 그 내용은 천지天地의 도에 따라 태평太平을 이루고 인구를 증가시키는 술책을 설파하는 것이었다.

이 서적을 장각張角이란 도사가 이어받아 『태평경太平經』이라 제목을 바꾸어 그 일부가 지금까지도 전해지고 있거니와, 장각은 이 경전을 병을 치료하는 데 사용하여 명성을 얻었고 이것을 '태평도太平道'라 칭하였는데 그를 따르는 사람의 수가 화북華北 전역에 걸쳐 수십만 명을 헤아렸다고 한다.

후한 시대 중국의 인구는 한 번 격감하여 37년에 약 1,500만 명을 기록하였다가 서서히 증가세로 돌아서 2세기 초반을 거치면서 4,900만 명 정도로 안정되었다. 그러던 것이 150년이 경과할 무렵부터 다시 급상승하여 157년에는 5,600만 명을 넘어섰다.

잉여인구가 도시에 집중되었던 탓에 도시에는 방대한 빈민층이 출현하였다. 이들은 도시에서의 생활을 유지할 뚜렷한 방편이 없었기 때문에 이러저러한 연고에 의지하여 호조조직互助組織을 만들었다. 도시생활은 농촌보다 나았지만 빠듯하게 먹고살 수 있을 정도에 지나지 않았다. 빈민층들은 도시생활에 익숙해지자 당시 중국사회의 고도경제성장에서 자신들만 뒤처진다고 느끼기 시작했고 이러한 기대와 현실 간의 격차로 인한 욕구 불만이 팽배해져 차츰차츰 혁명사상에 매료되면서 호조조직 자체가 혁명단체로 변해나갔다.

이것이 중국에서만 볼 수 있는 비밀종교결사의 기원으로 도교道教와 불교佛教 모두 이 시기 출신지역이 다른 하층계급을 한데 묶어주는 원리로 작용하였으며 비밀결사라는 지하조직을 통해 확장해나갔던 것이다. 이들은 언젠가 커다란 전란이 일어나 불공평한 세계가 사라지면 종교결사의 추종자들은 계급이 없는 정의로운 이상세계에서 살 수 있으리라 믿었으며 그 날을 대비하여 자신을 지키기 위한 무술을 익히고 군대식의 규율을 지키면서 여러 지역에 지부支部를 설치하였다.

184년, 즉 육십간지六十干支에서 첫 번째인 갑자년甲子年에 장각은 "푸른 하늘은 이미 죽고 누런 하늘이 이제 일어나니 갑자년에 천하가 크게 길해지리라蒼天已死 黃天當立 歲在甲子 天下大吉"는 기치를 내걸고 주군州郡 각처에서 전면적인 반란을 일으켜 후한을 타도하고자 했다. 이들은 반란의 상징표시로 누런색 두건을 착용하였던 까닭에 이를 '황건黃巾의 난亂' 이라 부른다.

그러나 장비와 훈련 모든 면에서 우수한 후한 조정의 정규군에게 맞서는 것은 불가능해서 황건적은 곧 진압되고 만다. 이번에는 그 후유증으로 각지의 군대들이 반란을 일으켜 이를 진압하는 제후諸侯들의 세력이 커져나갔다. 그리하여 189년 낙양洛陽에서 '동탁董卓의 난'이 일어난 것을 계기로 천하의 패권을 둘러싼 제후들의 권력 다툼이 순식간에 중국 전역으로 퍼져나감에 따라 후한의 중앙정부는 사실상 실권을 잃어버렸다.

이처럼 혼란한 와중에서 환관에게 양자養子로 들어간 가문 출신인 조조曹操가 두각을 드러내어 후한의 마지막 황제인 헌제獻帝를 옹립하여 하남성河南省 업鄴을 근거지로 삼았는데 뒤이어 동남지방에서는 건업建業(오늘날의 남경南京)을 근거지로 삼은 손권孫權, 서남지방에서는 사천성四川省 성도成都를 근거지로 삼은 유비劉備가 각각 세력을 형성하여 조조에 대항하였다. 이와 함께 중국의 인구는 약 5,600만 명에서 400만 명으로 급격하게 줄어들었는데 특히 화북평원지대에 거주하던 대부분의 주민들이 절멸하였다.

어쨌든 황건의 난에 참여했던 비밀종교결사의 신앙은 도교에 뿌리를 두고 있었다. 황건적의 난을 통해서 유교는 권위와 신뢰 모두를 상실하여 이름뿐인 종교로 전락하였으며 이를 대신하여 도교가 중국사상의 주류로 자리 잡았다.

또 하나의 비밀결사, 오두미도五斗米道

우리는 태평도의 황건적이 내건 기치로부터 이들이 무언가 종말론적인 전망을 가지고 있었음을 짐작할 수 있지만 실패한 운동이기 때문에 자세한 것은 알 수 없다. 그러나 태평도와 같은 시기에 일어난 오두미도五斗米道는 이후 도교 교파 가운데 하나가 된 까닭에 다행스럽게도 약간의 내용이 알려져 있다.

오두미도는 태평도가 퍼지지 않았던 사천성에서 일어난 비밀종교결사인데 뚜렷한 종말론적 사상을 지니고 있었다. 오두미도란 명칭은 184년 태평도와 함께 반란을 일으켰던 지도자인 장수張修가 신도信徒들에게 입문료로 쌀 5두斗를 받았던 데서 유래하는데, 병을 고칠 때는 깨끗한 방[靜室]에서 '사과思過', 즉 자신의 죄를 반성한 것을 고백하는 문서를 세 통 써서 천관天官, 지관地官, 수관水官의 신들에게 용서를 청하게 하였다. 이를 가리켜 '삼관수서三官手書'라 한다. 이러한 의식을 통해서 신앙이 깊은 사람만이 구제 받을 수 있다는 것이다.

또한 같은 신도信徒 형제들을 위해 '의사義舍', 즉 회관會館을 세워 아무런 대가 없이 잠을 재우고 밥을 주었으며 호조互助의 기능을 충분히 발휘했다. 각지에 흩어져 있는 지부支部의 지도자는 '좨주祭酒'라 하였으며 신도는 군인의 위계에 따라 여러 등급으로 나뉘었다. 이는 오늘날의 구세군救世軍과 유사하였다.

188년 황건적이 사천 지역에 침입하여 성도成都 인근을 휩쓸고 중경重慶을 공격하였다. 당시 사천 지역을 관할하던 익주목益州牧 유언劉焉은 오두미도와 연합하여 그 지도자인 장수와 장로張魯를 수하 군대의 사령관으로 임명하고 황건적을 격퇴하였다.

이후 유언은 장수와 장로의 오두미도군을 보내 한수漢水 상류 계곡을 평정하고 남정南鄭에 주둔케 하였다. 오두미도는 이곳에서 신정국가神政國家를 세우고 교단教團 조직을 통해 자치自治를 실현하였다.

200년 장로가 장수를 죽이고 유언에게서 독립할 것을 선언하였다. 이에 노한 유언이 자신의 집에 거처하고 있던 장로의 모친인 무녀巫女를 죽인 다음 군사를 거느리고 장로를 공격하였지만 도리어 장로가 이를 격퇴함으로써 유언에게서 가릉강嘉陵江 계곡 일대를 빼앗았다. 이후 장로는 섬서성陝西省 남부에서 사천성 동부에 걸쳐 독자적인 세력을 유지하다가 215년에 조조에게 항복하여 낭중후閬中侯에 봉해졌고 조조의 아들인 연왕燕王 조우曹宇(자字는 팽조彭祖)의 장인이 되었다. 이처럼 오두미도는 위魏나라의 보호를 받음으로써 중국 전역으로 퍼져나가게 되었다.

그런데 도교道教의 문헌에 의하면 오두미도의 창시자는 장수나 장로가 아니라 장로의 조부인 장릉張陵이다.

장릉은 강소성江蘇省 출신으로 알려져 있는데 사천성과 티베트의 경계지대에 위치한 곡명산鵠鳴山에서 수행하고는 142년 태상노군太上老君이란 신神으로부터 '도道', 즉 종교적 진리를 계시 받아 이듬해인 143년에 이를 제자들에게 전하였고 157년 어느 한낮에 승천하였다고 한다. 장릉을 이어받은 이는 그 아들인 장형張衡으로 그 역시 179년 어느 한낮에 승천하였다고 한다.

장형의 아들로서 계승자가 된 이가 바로 장로다. 장수에 대해서는 도교 문헌 어디에도 기록이 남아 있지 않다.

천년왕국사상이 중국의 역사관을 바꾸지는 않았다

도교의 경전을 모은 『도장道藏』에는 『정일천사고조승구결正一天師告趙昇口訣』이란 경전이 있는데 거기에서 오두미도의 교조教祖 장릉의 예언을 다음과 같이 기록하고 있다.

하늘이 인류의 죄악에 노하여 세계를 멸하고자 마음먹었다. 144년에 대홍수가 일어나 세계의 더러움을 씻어낼 것이다. 24만 명의 '종민種民' 만이 살아남을 것인데 그 명부는 153년에 끝을 맺는다. 184년에 큰 전쟁이 발발하고, 역병이 크게 번지며, 맹수와 독사가 창궐하는 삼재三災가 닥쳐와 세계를 쓸어버리면 190년에 이르러 마침내 '태평太平' (궁극의 평화)이 찾아온다. 이때 죽은 이의 혼魂은 원래 가졌던 육체로 돌아와 백골이 다시 서고 혈기가 다시 도는 것이 밤에 자서 아침에 눈을 뜨는 것과 같을 것이다.

그러나 '종민種民' 임을 증명하는 '구광부九光符' 를 갖지 못한 자는 다시 죽게 되어 혼魂은 3관三官(천관天官, 지관地官, 수관水官)의 신들에게 넘겨져 하나도 빠짐없이 고통을 맛보아야만 한다. '태평太平' 의 세世에는 태상노군太上老君(메시아)이 왕림하여 그 치하에서 사람들은 더는 죽는 이 없이 18,000세까지 천수를 누린다.

이러한 종말론적인 비전은 「요한묵시록」과 닮아 있으며 페르시아의 자라투스트라(조로아스터)교에게서 영향을 받은 것으로 짐작된다. 이와 비슷한 천년왕국운동은 이후에도 중국세계에 몇 번 더 나타난다.

그중에서도 1351년에 '홍건紅巾' 의 난亂을 일으켜 몽골족이 세운 원元 제국을 중국에서 몰아내었던 백련교白蓮敎가 조로아스터교 계열이었음은 틀림없는 사실이다. 홍건적 출신으로 황제의 자리에 오른 주원장朱元璋(명明의 태조太祖 홍무제洪武帝)은 '대명大明' 을 국호國號로 삼았는데 이는 백련교의 교리에서 세계가 멸망한 뒤 출현하리라 여겨지는 메시아의 칭호인 '소명왕小明王' 과 대응하는 것이다.

그렇다고는 하나 비밀종교결사의 천년왕국사상이 중국 문명의 역사관에 영향을 끼치지는 않았다. 중국사의 구조는 황건적의 난이 발생하기 훨씬 전에 『사기』와 『한서』를 통해서 완성되었기 때문이다. 그러므로 '역사의 종말' 이라는 관념은 '정사正史' 의 역사관에 나타나지 않는다. 시간이나 역사나 종말 같은 것은 없기 때문에 시대와 상관없이 시간의 가치는 변하지 않으며 어떠한 시대에서도 1년은 1년으로 완전히 동일한 가치를 갖는 것이다.

말하자면 역사에서 발전이란 없으며 그런 까닭에 발전단계 역시 존재하지 않는다. 황제黃帝에서 공자孔子에 이르는 이른바 '성인聖人' (미래를 예지하는 능력을 가진 자)이 문명을 창조하였기 때문에 문명의 기준(도덕道德) 또는 황제皇帝가 존재하는 한 어떠한 시대에서도 이상적인 세계가 이미 실현되고 있다는 것이 중국 문명의 변하지 않는 역사관인 것이다.

현실을 반영하지 못하는 '정사'의 구조

중국 문명에서 역사가 '정통正統' 황제가 지배한 변하지 않는 세계에 대한 서술이라는 점은 그로부터 오래도록 변하지 않았다. 그러나 중국세계의 현실에서는 '정사正史' 가 표현하는 중국인의 역사관과는 상관없이 계속해서 변화가 진행되었다. '정사正史' 의 구조는 시간이 지날수록 현실에 들어맞지 않게 되었지만 이미 『사기』와 『한서』를 통해 확정된 구조를 대체할 만한 것이 발견되지 않았기 때문에 후세 중국의 역사가들은 한대漢代에 만들어진 구조의 범위 안에서만 역사를 기술할 수밖에 없는 숙명을 안게 되었다.

중국에서 변화의 1단계는 앞서 지적했던 것처럼 184년에 황건黃巾의 난亂이 불러왔던 급격한 인구감소이다. 중국 문명이 사실상 붕괴하는 모습을 목격했던 후한後漢의 대학자 정현鄭玄은 천도天道(우주의 순환주기)가 1,320년을 주기로 하여 순환한다는 역사이론을 내놓았으니, 즉 은殷 왕조를 대신하여 주周 문왕文王이 천명天命을 받은 갑자년甲子年(서기전 1137년)으로부터 1,320년이 지난 후인 184년에 이르러 순환주기가 한 번 끝을 맺었다고 해석한 것이다. 당시의 중국인들이 사태를 얼마나 심각하게 받아들이고 있었는지를 짐작할 수 있다.

이러한 중국세계의 전면적인 붕괴와 함께 후한 정권도 사실상 소멸하여 내전이 끊임없이 이어지다가 220년에는 위魏의 조비曹丕(문제文帝)가, 221년에는 촉蜀(실제로는 한漢이라 칭하였다)의 유비劉備(소열제昭烈帝)가, 229년에는 오吳의 손권孫權(대제大帝)이 차례대로 황제라 자칭하였다. 그리하여 중국세계에는 세 명의 황제가 공존하게 됨에 따라 오로지 하나이어야 할 '정통正統' 이 3개로 나누어지는 참으로 기이한 사태가 벌어지게 되었다.

이러한 사태는 280년에 진晉의 무제武帝(사마염司馬炎)가 3국을 통일함으로써 일단락되었다. 이후 진수陳壽(233~297년)가 저술한 『삼국지三國志』 65권이 중국세계가 분열했던 시대의 '정사正史'이다.

『삼국지』가 서술하는 대상이 세 제국이니 그 체제가 「위서魏書」, 「촉서蜀書」, 「오서吳書」 세 부분으로 나뉘어 있는 것은 당연하지만 사실 황제皇帝를 다루는 「본기本紀」를 수록하고 있는 것은 「위서」뿐으로 「촉서」의 유비나 「오서」의 손권에 관한 행적은 모두 「열전列傳」으로 기술되어 있다. 진수는 이처럼 불공평한 취급을 통해 '정통正統'이 후한에서 위나라로, 다시 위나라에서 진나라로 바뀌었다는 정치적 의도를 드러내고 있는 것이다.

불우했던 진수를 일으켜 세운 장화張華

『삼국지』의 저자인 진수는 위나라와 대립하였던 촉나라의 파서군巴西郡 안한현安漢縣(사천성四川省 남충현南充縣 남쪽) 출신이었는데 어려서부터 학문을 좋아하여 같은 군에 살았던 초주譙周에게 배웠다.

진수는 촉나라에서 관직에 나가 관각영사觀閣令史를 지냈다. 후주後主(유선劉禪) 치세인 258년에 환관 황호黃皓가 정사政事를 장악하자 대부분의 대신들이 그에게 아첨하였지만 진수만은 그리하지 않아서 여러 차례 관직에서 물러나야 했다.

부친이 사망하고 불행하게도 진수는 복상 중에 병을 얻어 하녀를

시켜 환약丸藥을 만들어 먹었다. 유교에서는 '3년 상喪' 이라 하면 25개월 동안은 엄격하게 근신하여 지내야만 한다. 특히나 성관계에 대해서는 금기가 매우 엄한데, 이는 와병 중이라고는 해도 이성異性을 자신의 방으로 들여놓은 셈이다.

더군다나 운이 나쁘게도 누군가 이를 목격하고는 소문을 낸 것이 빌미가 되어 관직에서 물러나야만 했다. 촉이 위나라에게 멸망하고 다시 위나라가 진나라로 바뀐 이후에는 이 악평이 화근으로 떠오르지는 않았는데, 이러한 진수의 재능을 아껴 일으켜 세운 이가 진수보다 1년 연상인 장화張華이다.

장화(232~300년)는 북경北京 인근의 고안현固安縣 출신으로 젊은 시절에는 빈궁하여 양羊을 기른 적도 있었는데 동향同鄕인 유방劉放의 눈에 들어 그 딸과 혼인하였다. 유방은 당시 위魏 명제明帝의 수석 비서관(중서감中書監)이었는데 장화는 그의 소개를 통해 249년 정변을 일으켜 위의 실권을 장악한 사마의司馬懿의 차남인 사마소司馬昭 휘하의 비서로 근무하게 되었다.

사마소의 아들인 사마염이 위의 황제를 폐하고 진晉의 무제武帝로 즉위하자 장화는 차석 비서관(중서령中書令)에 임명되어 조정에서 중요한 결정을 내리는 데 참여하게 되었다. 그러나 실권이 그리 크지는 않아서 수석 비서관 순욱荀勖에게 미움을 받아 282~287년 사이에는 중앙에서 좌천되었지만 고향인 북평北平(유주幽州)에서 동북방면東北方面의 군총사령관軍總司令官(지절持節 도독유주제군사都督幽州諸軍事 영호오환교위領護烏桓校尉 안북장군安北將軍)이란 요직을 수행하여 큰 공적을 올렸다.

『진서晉書』「장화열전張華列傳」에서는 이를 “동이東夷의 마한馬韓에 있는 신미新彌의 여러 왕조는 산에 의지하고 바다를 맞대고 있었는데 주州(유주幽州)와 4,000여 리가 떨어져 있어 예부터 오늘날까지 교류가 없었던 20여 왕조가 나란히 사자使者를 보내 조공을 바쳤다”고 말하고 있다. 즉 장화는 한반도와의 외교에 힘을 쏟은 것이다.

이처럼 장화의 공적이 하루가 다르게 올라가자 도리어 이를 경계하고 장화를 중앙으로 소환하여 태상박사太常博士(국립대학총장國立大學總長)란 한직에 임명하였는데 태묘太廟(황실의 조묘祖廟)의 신축 공사를 감독하다가 애써 완성한 태묘의 대들보가 무너지는 바람에 장화는 그 책임을 지고 관직에서 물러나게 되었다.

얼마 지나지 않아 290년에 무제가 붕어하고 아들인 혜제惠帝가 즉위하였다. 무제의 미망인인 양태후楊太后의 부친 양준楊駿이 황제의 후견인이 되었다. 그런데 얄궂게도 혜제의 친모는 양태후가 아니었고 게다가 혜제에게는 가황후賈皇后라는 야심찬 부인이 있었던 까닭에 허약하고 아둔한 혜제는 가황후가 하라는 대로 매사를 처리했다.

이듬해, 가황후와 그 일파가 마침내 정변을 일으켜 양준 일파를 조정에서 축출하였다. 권력을 장악한 가황후는 장화가 재능이 있기는 하지만 명문가 출신이 아니라는 점이 마음에 들어 수석 비서관으로 임명하였다. 이렇게 해서 장화는 중앙 정계에 복귀하여 수년간 안팎으로 어려운 상황에 처해 있던 진나라의 기틀을 세우는 데 노력하였으니 그 공을 인정받아 296년에 사공司空의 자리에 올랐다.

그러나 300년이 되자 파국이 찾아왔다. 또다시 정변이 일어나 가황후 및 그 일파와 함께 장화도 죽임을 당하였고 이때부터 황족 출신의 제후들이 낙양에서 실권을 놓고 쟁탈전을 벌이는 이른바 '팔왕八王의 난' 이 전국적인 내전으로 확산된 것인데 이것이 304년의 '5호16국五胡十六國의 난' 을 유발함으로써 중국의 통일은 다시금 와해되었다.

관직에 복귀한 진수

진수를 발탁한 이가 바로 장화다. 장화의 천거를 받아 진수는 관리의 자격을 회복하여 효렴孝廉(유자격자)이 되었고 좌저작랑佐著作郎(수사관修史官의 보좌역)을 거쳐 양평현陽平縣(산동성山東省 신현莘縣의 서쪽지방)의 현령에 임명되었다. 진수는 이어서 저작랑著作郎(수사관修史官)으로 승진하여 파서군巴西郡의 중정中正을 관할하게 되었다. 중정이란 그 군에서 관리가 될 수 있는 자격을 심사하는 관직을 말한다.

진수는 촉나라 출신이어서 자신의 스승이었던 초주에 대한 글도 남겼다. 『삼국지』「촉서」「초주전譙周傳」에서 진수는 다음과 같이 기술하고 있다.

269년 나는 본군本郡(파서군巴西郡)의 중정을 맡고 있었는데 근무를 마치고 휴가를 얻어 집으로 돌아오면서 초주에게 작별을 알리러 그의 집을 찾았다. 초주는 나에게 말하였다.

"옛날, 공자는 72세에 유향劉向과 양웅揚雄은 71세에 세상을 떠났다. 지금 내 나이 70세를 지났다. 공자의 유풍遺風을 우러르고 유향, 양웅과 같이 처신하리라 마음먹었다. 새해를 맞지 못할 것이 틀림없으리라. 그대와도 다시 만나지 못할 것이다."

나는 초주가 앞일을 예측하는 능력으로 자신의 죽을 날짜를 헤아리고는 이 자리를 빌어서 나에게 전하고자 하는 바가 있는 것은 아닌가 생각하였다. 과연 초주는 270년 가을에 산기상시散騎常侍(황제가 시종侍從에게 내리는 명예직)가 되었지만 병이 무거워 임명 받지 못하고 겨울이 되자 세상을 떠났다.

한편 진수는 『촉승상제갈량집蜀丞相諸葛亮集』 24편을 편찬하여 274년에 이를 진상하였다. 『삼국지』「촉서」「제갈량전諸葛亮傳」에 그 목차와 상주문上奏文이 실려 있다.

『삼국지』에 부과된 제약

진수가 저작랑으로서 『삼국지』 65권을 저술하게 되었는데 그 빼어난 성과에 탄복한 장화는 "『진서晉書』의 편찬도 진수에게 맡기는 게 좋겠다"고 말하였다.

이후 오나라를 멸망시키는 훈공을 세운 장군 두예杜預의 천거를 받아 진수는 치서시어사治書侍御史(법무法務에 관한 고문관顧問官)에 임명되었다. 장화는 황제에게 진수가 중서시랑中書侍郞(비서관秘書官)을 겸임하도록 상주하였으나 순욱荀勖의 반대로 실현되지는 않았다.

이후 모친이 별세하여 복상服喪을 치르기 위해 휴직해야만 했다. 진수는 모친의 유언에 따라 낙양에서 장사를 지냈지만 이것이 예禮에 어긋나는 일이라 비난 받아서 또다시 관직에서 물러나게 되었다.

일찍이 초주가 진수에게 "그대는 재능으로써 이름을 떨칠 테지만 분명히 박해를 받게 될 것이다. 이는 불행이 아니다. 모쪼록 처신을 삼가는 것이 좋다"고 한 일이 있는데 그 말대로 된 것이다.

이때부터 여러 해가 지나 친분이 있던 장화가 정계로 복귀함에 따라 진수도 태자중서자太子中庶子(동궁시종東宮侍從)에 임명되었지만 이미 건강이 좋지 않아서 297년 65세의 나이로 병사했다. 이듬해에 장화는 사공司空의 자리에 올랐다.

진수가 죽은 지 얼마 지나지 않아 『삼국지』를 공인해 달라는 청원이 장화의 주선으로 통과되어 진수의 가솔들에게 『삼국지』를 필사하게 하라는 칙명이 하남윤河南尹과 낙양령洛陽令에게 내려졌다. 이때부터 『삼국지』는 정사正史로서의 지위를 점차적으로 획득하게 되었다.

이상의 설명에서 알 수 있는 것은 『삼국지』의 저자인 진수는 장화의 비호庇護를 받았던 인물이라는 점이다. 장화는 문벌門閥 출신이 아닌 오로지 실력 하나만으로 사마소의 휘하에 들어갔고 마침내 진무제와 혜제의 측근으로까지 성장했던 것이다. 진수로서는 장화가 꺼릴 만한 얘기는 쓰지 않으려 했을 것이 당연하니 사마소의 부친인 사마의에게 불리한 내용은 가급적 생략하고 유리한 내용은 강조할 수밖에 없었을 것이다.

이와 같은 어려움이 많았기 때문인지 『삼국지』는 정사正史 중에서도 그 서술이 간략하기로 유명한데 이를테면 굉장히 중요한 사건이라 할지라도 대개 상세하게 다루지 않고 넘어가는 일이 다반사이다. 당대의 역사를 쓰는 일이었기 때문에 부득이한 일이라고는 하지만, 이러한 폐해는 진수가 죽은 지 150년 정도가 지나도 사라지지 않아서 남조南朝 송宋의 배송지裵松之(372~451년)가 『삼국지』에 주석을 달아 다량의 사료를 인용함으로써 사실을 보충해야 할 필요가 있었던 것이다.

『위지왜인전魏志倭人傳』은 신뢰할 수 없다

말이 나온 김에 『위지왜인전』을 왜 신뢰할 수 없는지 여기서 한번 짚고 넘어가도록 하자.

『위지왜인전』이란 저작은 없다. 『삼국지』「위서」의 마지막 부분인 제30권의 제목이 「오환선비동이전烏丸鮮卑東夷傳」인데 이중 후반부가 「동이전」으로 여기에는 '부여夫餘'를 비롯한 동북아시아의 일곱 종족에 대해 다루고 있다. 일곱 종족 중에서 제일 마지막에 등장하는 것이 '왜인倭人'인데 이 부분만을 따로 뽑아낸 것이 바로 『위지왜인전』이다.

「위서」「동이전」「한韓」조條를 보면 "한韓은 대방帶方의 남쪽에 있다. 동쪽과 서쪽은 바다를 경계로 하고, 남쪽은 왜倭와 접한다. 사방으로 4,000리里 정도 된다"고 쓰여 있다.

당시의 한韓은 오늘날의 서울 근처에 존재했던 대방군帶方郡보다 남쪽이었다. 1리里는 300보步이고 1보步는 오른발과 왼발을 각각 한 번씩 앞으로 내딛는 거리를 말한다. 1보步는 대략 1.5m이므로 1리里는 450m이다. "사방으로 4,000리里"라고 한다면 종횡으로 1,800km가 될 것이다. 그렇다면 한반도의 넓이는 인도 대륙과 맞먹어버린다. "사방으로 4,000리里 정도"는 지나친 과장이다.

이것이 "사방으로 1,000리里 정도"의 오기誤記가 아니라는 증거는 다음에 이어지는 「왜인倭人」 조條, 즉 『위지왜인전』의 첫머리에 있다.

" '대방' 군에서 왜로 가려면 해안을 따라 배로 나아가 한韓의 여러 왕조를 지나서 어떤 때는 남쪽으로 어떤 때는 동쪽으로 하여 왜의 북쪽 해안에 있는 구사한국狗邪韓國으로 가야 한다. 그곳까지 7,000여 리나 된다."

'구사한국' 은 「한韓」 조條에 나오는 '변진구사국弁辰狗邪國' 과 같은 것으로 오늘날 한반도의 동남단인 경상남도 김해를 가리킨다.

여기에 더하여 다음과 같은 과장된 거리가 잇달아서 나온다.

"처음으로 바다를 건너 1,000여 리 더 가야 비로소 대마국對馬國에 이른다."

"다시 남쪽으로 한해瀚海라고 불리는 바다를 건너 1,000여 리를 가면 일지국一支國에 이른다."

"다시 바다를 건너 1,000여 리를 가면 말로국末盧國에 이른다."

"동남쪽으로 육로를 500리 가면 이도국伊都國에 이른다."

"동남쪽의 노국奴國까지는 100리이다."

"동쪽의 불미국不彌國까지는 100리이다."

"남쪽의 투마국投馬國까지는 바닷길로 20일이 걸린다."

"여왕女王이 도읍으로 삼는 남쪽의 사마태국邪馬台國까지는 바닷길로 열흘, 다시 뭍길로 1달이 걸린다."

"대방군에서 여왕국까지는 1만 2,000여 리에 이른다."

"여러 정보를 종합해보면 왜국 땅은 바다 한가운데에 솟아 있는 섬으로 끊어지거나 이어져 있는데 주위가 5,000여 리나 된다."

대방군에서 한반도 김해까지가 7,000여 리이고 김해에서 사마태국까지가 5,000여 리이니 총계를 내보면 1만 2,000여 리가 된다.

위魏나라와 진晉나라의 수도인 낙양洛陽에서 한반도의 낙랑군樂浪郡까지의 당시 거리가 5,000리로 추산되고 있다. 낙랑군에서 대방군까지는 550리이다. 대방군에서 왜의 사마태국까지가 1만 2,000여 리라고 한다면 낙양에서는 1만 7,500여 리가 되는 셈이다.

사마태국邪馬台國은 정치적 배려의 전형

사마태국의 여왕 히미코卑彌呼가 '친위왜왕親魏倭王' 에 책봉된 것은 239년의 일이다. 이로부터 10년 전인 229년에 대월지大月氏의 왕 파조波調, 즉 쿠샨 왕 바수데바의 사절이 위나라에 들어와 '친위대월지왕親魏大月氏王' 의 칭호를 받은 바 있다. 이는 당시 협정을 주선하였던 위나라 서북방면 군사령관 조진曹眞의 위세를 드높인 일이었다.

이로부터 10년 후 이번에는 조진의 아들인 조상曹爽이 대장군大將軍에 임명되어 새 황제를 보좌하였는데, 이때 히미코에게 '친위왜왕' 의 칭호를 수여한 것은 히미코의 사절을 주선했던 이가 위나라 동북방면 군사령관 사마의司馬懿였기 때문이다. 이는 '친위대월지왕' 의 후견인인 조진과 '친위왜왕' 의 후견인인 사마의가 위나라 조정에서의 지위가 거의 동격이었기 때문에 이들의 주선을 통해서 서

• 삼국 시대와 사마태국邪馬台國

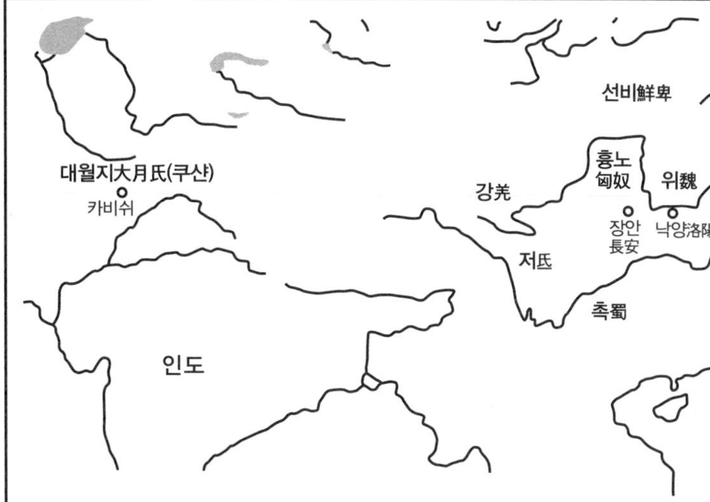

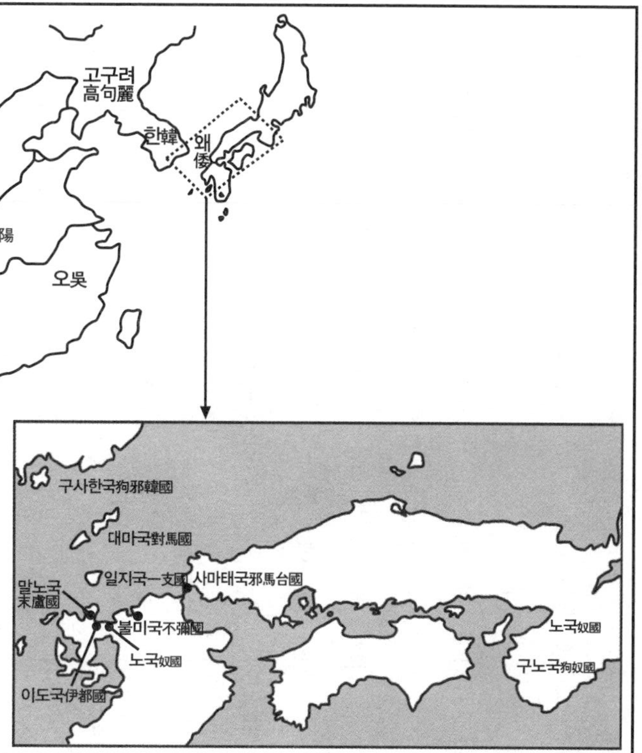

사마태국의 위치는 명확하지 않지만 추측해보는 것은 가능하다. 609년 수隋나라 사신使臣 배세청裵世淸이 보았던 "이 사람은 화하華夏와 마찬가지로" "진왕국秦王國"이란 기사에서 '진왕국'은 오늘날의 하카다博多에 있었던 '죽사국竹斯國'과 접해 있던 지역인데, 『니혼쇼키日本書紀』「유라쿠텐노키雄略天皇紀」에 보이는 "쯔노노쿠니角國", 즉 스오쿠니周防國(오늘날의 야마구치현山口縣)의 쯔노군都濃郡일 것이다. 그렇다면 사마태국은 규슈九州나 야마토大和도 아닌 여기에 위치하게 된다.

오카다 히데히로岡田英弘, 『일본사의 탄생』(弓立社)에서 작성로 비슷하게 떨어져 있는 나라들이 위나라를 대국大國으로 모신다는 배려라고 생각해도 좋다.

쿠샨의 수도인 카비쉬는 "낙양에서 도보로 1만 6,370리"로 쓰여 있다. 이는 사마태국까지의 거리인 "1만 7,500여 리"와 비교해도 거의 맞아떨어진다. 그런데 이러면 구사한국은 오가사와라小笠原 섬 근처가 된다. 여기에서 동쪽, 동남쪽, 남쪽으로 5,000여 리에 사마태국이 있다고 하면 괌 섬 인근에 위치하게 된다. 『위지왜인전』의 거리가 얼마나 현실을 무시하고 있는지를 알 수 있다. 이는 239년 당시 왜倭의 여왕 히미코의 사자使者가 조공朝貢했을 때의 정치적 배려이다.

여기서 다시 한 번 사마태국의 위치와 관련하여 문제가 불거진다. 『위지왜인전』에는 "그 거리를 계산해보면 회계군會稽郡 동야현東冶縣의 동쪽에 위치한다"고 쓰여 있는데 회계군 동야현은 오늘날의 복건성福建省 복주시福州市를 가리킨다. 그렇다면 사마태국은 오키나와현沖縄縣의 나하시那覇市나 다이토大東 섬 또는 오가사와라 제도諸島의 치치父 섬에 있던 것이 된다. 더구나 "왜의 생산물은 있고 없음이 담이군儋耳郡, 주애군朱崖郡과 같다"는 기록도 있으므로 어떻게 봐도 해남도海南島(오늘날의 해남성海南省) 근처가 되는 것이다.

이런 식으로 왜국의 위치를 남쪽으로 내려 잡음으로써 사마태국이 남방의 열대에 자리 잡고 있는 것처럼 말하는 까닭은 당시 위나라의 적국이었던 오나라의 배후에 위치시킬 의도가 있었기 때문이다. 그러므로 『위지왜인전』은 다분히 위나라의 당시 정치상황을 반영하고 있는 기록이라고 결론 내릴 수 있다.

제4장

사마광司馬光의 『자치통감資治通鑑』 — 중화사상의 억지

'정통正統'을 둘러싼 우스꽝스러운 주장

2세기 말에 인구수가 급감함에 따라 위魏의 문제文帝(조비曹丕)는 221년 하남河南과 산동山東의 일부를 묶어 경계선을 긋고 돌을 표식으로 정하여 '중도中都의 땅'이라 이름 붙인 다음 가까스로 살아남은 영내의 중국인을 수습하여 그 지역으로 이주시켰다. 그 숫자는 고작 250만 명 정도로 보인다.

무인지대가 된 화북華北의 공백을 메우기 위하여 문제文帝의 아버지 조조曹操는 내몽골 서부에서 유목하며 생활하던 흉노匈奴인들을 산서고원山西高原으로 옮겨 정주시킨 바 있다. 이후 280년 진晉에 의해 겨우 회복되었던 중국의 통일은 불과 20년도 지속되지 못하고 300년 '팔왕八王의 난亂'이 일어나 다시금 내전에 휘말리게 되었다.

이 혼란을 틈타 흉노의 왕족인 유연劉淵이 304년 산서山西에서 반란의 기치를 들고 스스로 한왕漢王이라 칭하였다. 이것이 '오호십육국五胡十六國의 난亂'의 발단이다. 흉노군은 311년에 진나라의 수도인 낙양洛陽을 점령하고 진의 회제懷帝를 사로잡았다. 2년 후인 313년에 회제가 살해되자 진나라의 민제愍帝가 장안長安(서안西安)에서 즉위하였지만 316년에는 장안마저 흉노군에게 점령되어 민제 역시 사로잡히게 된다. 이듬해인 317년 1년간 중국세계에는 '정통正統' 황제라는 것이 존재하지 않았다. 이것은 중국사에서 전무후무한 대사건이었다.

318년 진나라의 황족인 사마예司馬睿(원제元帝)가 장강 이남에 위치한 건강建康(남경南京)에서 즉위함으로써 비로소 황제라는 칭호가 부활되었다. 이것이 동진東晉(318~420년)이다. 이때의 강남지역은 아직 완전히 중국화되지 않았던 탓에 중국인이 모여 살던 큰 도시는 남경과 무한武漢밖에 없었다.

동진은 송宋(420~479년)으로, 송은 남제南齊(479~502년)로, 남제는 양梁(502~557년)으로, 양은 진陳(557~589년)으로 바뀌었지만 이러한 남조南朝의 성격은 실상 비중국인 지역에 세워진 망명정권에 지나지 않았다.

그런데 '정통'의 역사관에서 보자면 동진의 건국자는 '정통' 왕조인 진의 황족이기 때문에 동진의 황제도 '정통' 황제이어야만 한다. 약체국가인 동진이 '정통'이라면 동진을 계승한 국가인 송, 남제, 양, 진도 '정통'이라는 말이 된다. 이 사실 자체가 우스꽝스러운 일이다.

후한後漢의 '정사正史'는 『후한서後漢書』인데 그중 「본기本紀」 10권과 「열전列傳」 80권은 송나라의 범엽范曄(398~445년)이 찬술한 것으로 432년에 완성된 것으로 추측된다.

「지志」 30권은 이에 앞서 동진의 사마표司馬彪가 찬술한 『속한서續漢書』를 포함하였는데 사마표는 306년에 세상을 떠난다. 두 저작을 합친 것은 북송北宋 1022년 이후의 일이다.

송의 '정사正史'는 『송서宋書』 100권으로 남제의 심약沈約(441~513년)이 찬술한 것이다. 심약은 저작랑著作郎에 임명되어 487년 명을 받아 『송서』의 편찬에 들어갔고 488년 2월에 「본기」 10권, 「열전」 60권을 완성하여 황제에게 상주하였다. 「지」 30권이 완성된 것은 이후의 일이다.

남제의 '정사正史'는 『남제서南齊書』이다. 본래는 60권이었지만 현전하는 것은 59권으로 소실된 1권은 「서록序錄」인 듯하다. 저자는 양의 소자현蕭子顯(489?~537년)으로 남제와 양의 황족 출신이었다.

잇달은 '정사' 편찬

약체국가인 남조南朝가 강남에서 근근이 명을 이어나가는 동안 화북華北의 정세는 커다란 변화를 맞이한다. 304년 유연劉淵의 반란으로 개시되었던 '오호십육국의 난'은 흉노와 함께 화북으로 이주했던 여러 유목민들도 뛰어들게 되어 135년(304~439년)이나 지속되었다.

439년에 이르러 선비鮮卑라는 유목민이 세운 북위北魏(439~534년)가 화북을 통일함으로써 이때부터 남북조南北朝 시대가 시작된다.

약 100년 후인 534년에 북위는 동서로 분열하여 동위東魏(534~550년)는 북제北齊(550~577년)로, 서위西魏(535~557년)는 북주北周(557~581년)로 바뀐다. 마침내 북주는 북제를 멸망시키지만 얼마 지나지 않아 그 역시 수隋(581~618년)로 대체된다. 이들 왕조는 전부 선비계에 속하는 왕조이다.

이어서 589년 수의 문제文帝가 남조인 진陳을 병합함으로써 중국세계는 다시금 통일되었다. 중국계가 아니었던 선비가 중국세계를 재건하게 된 것이다.

북위의 '정사正史'는 『위서魏書』 130권으로 구성되어 있는데 북제의 중서령中書令이자 저작랑著作郎이었던 위수魏收(505~572년)가

• 5세기의 남북조 시대

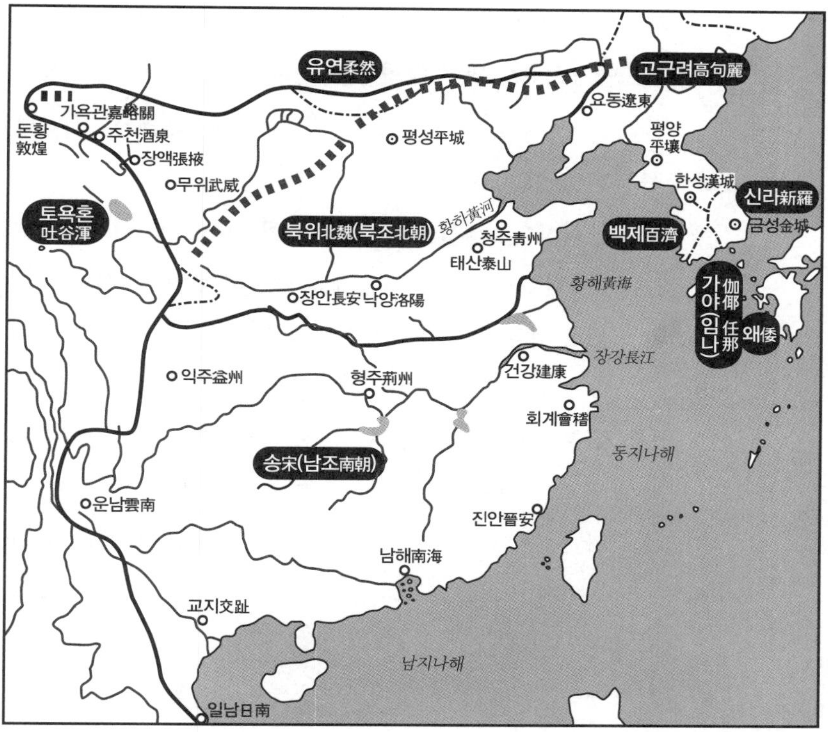

『중국 문명의 역사』에서 작성

편찬한 것이다. 554년에 완성되었다.

'정사正史' 의 편찬은 수나라에 뒤이은 당唐나라(618~907년) 때에 접어들어 최전성기를 맞이하게 된다.

한편 『진서晉書』는 130권으로 구성된다. 『진서』는 진晉의 '정사正史' 로 646년에 편찬이 개시되어 648년에 완성되었다. 『진서』의 뒷부분에 속하는 「재기載記」 30권은 '오호십육국의 난' 동안에 흥하고

망했던 여러 왕조의 역사를 서술한다. 『진서』의 감수는 방현령房玄齡(578~648년) 등이 맡았고 편찬은 영고덕분令狐德棻 등이 맡았다.

다음으로 남조의 양梁과 진陳의 '정사正史'가 편찬되었다. 『양서梁書』는 56권, 『진서陳書』는 36권으로 이뤄지는데 당나라의 저작랑著作郞 요사렴姚思廉이 636년에 완성하였다.

한편 북조인 북제의 '정사正史'는 『북제서北齊書』 50권으로 구성되는데 당의 이백약李百藥 등이 편찬하였으며, 북주의 '정사正史'인 『주서周書』 50권은 당의 영고덕분 등이 636년에 완성하였다.

수의 '정사正史'는 『수서隋書』 85권이다. 당의 위징魏徵 등이 636년에 완성한 것은 「제기帝記」 5권과 「열전列傳」 50권으로 「지志」 30권은 656년에 완성되었다.

이 밖에도 남조南朝와 북조北朝를 각각 통괄하는 『남사南史』 80권과 『북사北史』 100권이 있다. 둘 다 당의 이연수李延壽가 편찬한 것으로 659년에 완성되었다.

수隋와 당唐의 황제는 선비족鮮卑族

수당隋唐 시대의 황실은 모두 서위西魏의 우문태宇文泰와 함께 일어났다. 우문태는 선비인이었는데 534년 북위가 동서로 분열하자 서위의 문제文帝를 지지하여 장안長安에서 독립하였고 동위東魏 고환高歡(역시 선비계)과 대립하였다.

550년 우문태는 자신과 같은 처지인 선비인을 팔주국八柱國으로 삼아 그 휘하에 대장군大將軍을 두 명씩 배치하였는데, 이 팔주국의 한 사람이 농서군隴西郡 개국공開國公 이호李虎이며, 다른 한 명의 주국柱國인 독고신獨孤信 휘하 대장군에는 진류군陳留郡 개국공開國公 양충楊忠이 있다. 양충의 아들인 양견楊堅이 수나라 초대 황제인 고조高祖 문제文帝이며, 이호의 손자인 이연李淵이 당나라 초대 황제인 고조高祖이다. 위에서 알 수 있는 바와 같이 수나라와 당나라 황실 모두 선비인을 조상으로 한다.

또한 당나라의 조정에서는 남북조 시대의 '정사正史' 로서 송宋, 남제南齊, 양梁, 진陳을 한데 묶어서 『남사南史』를, 북위北魏, 동위東魏, 서위西魏, 북제北齊, 북주北周, 수隋를 한데 묶어서 『북사北史』를 편찬하였는데 여기에는 복수의 「본기本紀」가 있어서 각각의 국가들을 다루고 있다. 이는 두 계열의 황제를 인정하는 것으로 '천명天命' 이나 '정통正統' 이 두 개가 된다는 것을 의미한다.

선비계가 세운 왕조인 북조를 계승한 당나라의 정치적 입장에서 본다면 북조 역시 '정통' 이라 주장하는 수밖에 없었을 것이다.

재미있는 것은 『북사』의 머리글에서 북위 황실의 태생을 서술하면서 "선조는 황제黃帝인데 황제黃帝의 아들인 창의昌意의 막내아들이 북방으로 건너가서 왕조를 세웠던바 거기에 대선비산大鮮卑山이란 산이 있었던 까닭에 그 부족을 선비鮮卑라 이름 짓게 되었다" 고 말하고 있다. 이는 사마천司馬遷의 『사기史記』를 본뜬 것으로, 말하자면 선비계인 북위도 초창기의 역사로 거슬러 올라가면 중국인이 세운 왕조인 남조南朝와 마찬가지로 '정통正統' 의 자격이 있다고 주장하고 있는 것이다. 굉장히 터무니없는 주장이기는 하나, 당나라와 그 이후 시대가 되면 '정사正史' 체제를 따라 역사를 충실하게 서술하는 일은 거의 불가능에 가까운 일이 되어 간다.

중앙 유라시아의 초원에서는 552년 알타이 산맥 인근에서 유목생활을 하던 투르크(돌궐突厥)라는 부족이 국가를 건립하여 순식간에 이전의 흉노를 능가하는 대유목제국으로 성장하였다. 이것이 바로 제1차 투르크 제국이다. 당시 화북에서는 선비가 동위와 서위, 북주와 북제로 분열하여 투쟁하고 있던 상황이었기 때문에 각 진영은 앞을 다퉈 투르크 제국과의 동맹을 성사시키려 하였다. 이후 583년이 되자 투르크 제국은 동서로 분열하였는데 그중 몽골고원에 거점을 두고 있던 동투르크 제국이 수나라와 동맹을 맺는다.

수나라 양제煬帝 말년에 중국세계가 내전상태로 빠져들자 산서山西 태원太原의 사령관 이연李淵(당나라의 고조)도 군사를 일으켰는데, 그때 이연은 동투르크 제국의 가한(군주)에게 사자를 보내 투르크에게 신하로서 따를 것을 맹세하였다. 그러나 이연의 아들인 당나라 태종太宗 이세민李世民은 중국세계를 통일하고 2년 후인 630년에 동투르크 제국을 멸망시킨다.

그러자 초원 유목부족의 수령들은 태종을 자신들 모두의 군주로서 추대하여 '천가한天可汗(텡그리 가한)' 의 칭호를 바쳤다. 이때부터 태종은 서북지방으로 보내는 문서에는 '천가한' 이라 서명하기 시작한다. 이는 중국의 '황제皇帝' 와 중앙 유라시아 유목제국의 '가한' 을 한 사람의 군주가 겸임하게 되었다는 획기적인 사건으로, 다시 말하자면 역사의 주요 무대가 지금까지는 중국세계만으로 한정되었다고 한다면 이제부터는 중앙 유라시아 세계까지도 포함하게 된 것이다.

그러나 이러한 중대한 변화를 '정사正史'의 체제에 따라 다루는 것은 중국의 사관史官들의 손에 남겨진 과업이었다.

진상을 은폐해왔던 역사서의 유교적 성격

당나라 시대에는 역사서술의 재료가 될 기록을 편찬하는 절차가 완비되었다. 한 사람의 황제가 세상을 떠나면 그의 치세 동안에 일어났던 사건들을 연, 월, 일 순으로 기록하는 '실록實錄'이 편찬되기 시작한 것이다. '실록'의 재료는 황제가 날마다 결재하는 공문서公文書, 다시 말해 최고위의 관청이 황제에게 상주하는 것이다. 이 '실록'은 왕조가 무너진 뒤에도 다음 왕조가 편찬하는 '정사正史'의 핵심적인 자료이다. 후세의 왕조가 존속하는 동안에 '실록'을 기초로 하여 '국사본기國史本紀'를 만들고 다시 그것에 대응해서 '국사열전國史列傳'을 편찬하는 것이다.

이러한 절차는 제법 신뢰할 만한 것으로 보이기는 하나 실상은 중대한 함정이 여럿 존재하고 있다.

첫 번째 함정은, 대체로 국가의 최고 방침에 관한 중요한 결정이 하급 관청에서 상급 관청을 거쳐 문서가 결재되는 형식을 따르는 경우가 거의 없다는 것이다. 오히려 황제를 측근에서 보좌하는 극히 소수로 구성된 집단이 내부에서 결정하는 것이 보통으로, 이러한 결정과정은 문서로 작성하여 보존하는 성격의 것이 아닌 까닭에 '실록'에서건 '국사國史'에서건 '정사正史'에서건 기록될 리가 없다.

두 번째 함정은, '정사正史'의 편찬을 실제로 담당하는 사관의 성격과 관련된 것이다. 수나라 시대에 과거科擧 시험이 시작되어 작시作詩·작문作文 능력을 기준으로 관료를 채용하게 되었다. 당나라 시대에 들어서는 과거 급제자('진사進士') 중에서도 가장 우수한 이들을 뽑아 한림원翰林院이라는 관청에서 일하게 했는데 이들은 황제가 입안하는 공문서를 대필하는 역할을 맡게 될 뿐더러 그중에서는 역사서의 편찬관도 맡게 되는 경우가 많았다.

그런데 과거 시험의 문제는 유교의 경전에 속하는 '오경五經'에서 출제되는 까닭에, 유교는 종교로서는 불교나 도교에 압도되어 소멸되고 있었을 뿐 아니라 현실 정치에서 어떠한 영향력도 갖고 있지 못했지만, 유교에서 사용하는 정치학적 용어나 관념만은 살아남아서 과거 출신의 문인관료가 역사를 정리하는 과정, 즉 가치판단에 영향을 줄 수 있었다.

그 결과 당나라 이후의 '정사正史'에서는 비현실적인 면이 많이 나오게 된다. 한 가지 예를 들자면, '정사正史'에서 기록하는 역사가 군사적인 면을 경시하는 경향을 들 수 있다.

어떠한 중국의 왕조라 해도 정권 유지의 실질적인 기반은 군대에 있고 실질적인 최고권력은 언제나 황제를 둘러싼 군인들이 쥐고 있다. 현대의 중화인민공화국에서도 실질적인 최고권력기관은 중앙군사위원회이지 공산당 중앙위원회가 아니라는 사실에서도 알 수 있듯이 말이다. 그런데 군인은 문자에 대한 지식이 없는 까닭에 기록과는 멀다. 이 때문에 군인들 자신의 목소리는 '정사正史'에서 드러나지 않는다.

이에 반해 과거 출신의 문인 관료는 황제의 명을 대행하는 것에 지나지 않지만, 그들이 편찬하는 '정사正史'에 따르면, 과거 출신의 관료야말로 황제의 권력을 떠받치는 핵심적인 기반이며 중국의 정치는 과거 출신의 관료들이 운영하는 문인정치라는 그릇된 인상을 심어주는 데 기여하고 있다. 이는 유교의 이상론을 반영하고 있는 것이기는 해도 이러한 사정이 지금까지도 중국 문명에서 기록된 역사문화의 진상眞像을 이해하는 데에 얼마만큼이나 악영향을 끼치고 있는지는 헤아릴 수가 없다.

후당後唐, 후진後晉, 후한後漢 모두 투르크계

이 시기의 북경北京은 실크로드가 동쪽에서 끝나는 지점이어서 소그드족, 투르크족, 거란족契丹族 등이 한데 섞여 사는 국경 도시의 성격을 띠고 있었는데, 투르크계인 안록산安祿山은 이곳에 거점을 잡고 안사安史의 난(755~763년)을 일으켰다. 안사의 난이 진압된 이후에도 이 지역은 당나라 조정에게 가장 위협적인 세력이었던 유씨劉氏 군벌이 거점으로 삼음에 따라 거란의 공세를 받게 되었다.

당나라는 907년에 후량後梁의 주전충朱全忠에게 멸망한다. 주전충의 본명은 원래 주온朱溫인데 송주宋州 탕산현碭山縣(오늘날의 강소성江蘇省 탕산현碭山縣) 출신으로 순전히 한인漢人이었다. 주온은 황소黃巢의 난이 일어났을 때 처음에는 반란군에 가담하였다가 882년에는 황소를 배반하고 당나라에 귀순하여 당나라 희종僖宗 황제에게서 전충全忠이라는 이름을 하사 받았다.

이에 반해 923년 후량을 멸망시킨 후당後唐이나 그 뒤를 이은 후진後晉과 후한後漢의 황실은 모두 서돌궐西突厥의 분파인 사타족沙陀族 출신이었다. 후당 장종莊宗 이존욱李存勗의 뒤를 이은 이가 이극용의 양자인 명종明宗 이사원李嗣源이고, 명종의 아들이 폐제廢帝 이종가李從珂이다.

후진의 고조高祖 석경당石敬瑭은 후당 명종의 사위로서 그의 친위대장(시위친군마보군도지휘사侍衛親軍馬步軍都指揮使)이었다. 936년 거란의 태종太宗이 침공하여 후당이 멸망하자 석경당은 거란에 항복하여 거란의 도움을 받아 후진을 건국하고 황제의 자리에 올랐다. 거란 태종은 석경당에게 도움을 준 대가로 연운16주燕雲十六州(북경北京과 대동大同을 중심으로 하는 지방)를 할양 받았는데 이로써 거란은 북경을 화북지방으로 진출하는 발판으로 삼아 북경에 남경석진부南京析津府를 설치하여 영내의 한인漢人들을 다스리기 시작했다. 후진의 출제出帝 석중귀石重貴는 원래 석경당의 형의 아들이었는데 후에 석경당의 양자가 된 인물이다.

당나라의 '정사正史' 인 『구당서舊唐書』 200권은 후진에서 편찬한 저작으로 941년에 정식으로 편찬작업이 개시되어 945년에 완성되었다. 편찬자는 유구劉昫였으리라 짐작되는데, 이는 유구가 완성되었을 당시의 감수자監修者를 역임하고 있었기 때문에 그렇게 여겨지고 있을 뿐이다. 더구나 그 내용도 그렇게 뛰어나지 못해서 당나라 시대의 문인 관료들이 편찬했던 기록을 있는 그대로 옮겨놓은 데에 지나지 않는다.

『구당서』의 체제 역시 『사기』를 본뜬 것이어서 투르크 제국에 관한 기술도 『사기』의 「흉노열전匈奴列傳」을 따라 「돌궐열전突厥列傳」

속에 억지로 꿰어 맞추고 있으며, 630년 당나라 태종이 유목민들에게서 '천가한天可汗'으로 추대 받은 획기적인 대사건이 갖는 의미도 제대로 이해하지 못하고 있다. 중국세계만이 역사의 무대이고 역사는 곧 중국세계의 역사를 가리킨다는 태도에는 변함이 없는 것이다.

당나라의 '정사正史'에는 『구당서』 외에 『구당서』를 수정하여 새롭게 편찬한 『신당서新唐書』 225권이 있는데 오대십국五代十國을 통일한 북송北宋(960~1126년)에서 1060년에 완성하였다. 북송은 북방민족 태생의 왕조였는데도 『신당서』의 역사관은 『구당서』와 마찬가지로 중국을 중심으로 하여 서술하고 있어서 투르크 제국에 대한 언급은 여전히 냉담하다.

북송北宋의 황제도 북방민족 출신인가

여기에서는 다시 황제의 태생에 대해 화제를 돌려보겠다. 947년 후진의 뒤를 이어 후한後漢을 건국한 고조高祖 유지원劉知遠은 후당, 후진의 황실과 마찬가지로 사타족沙陀族 출신으로 본래 석경당과 함께 후당의 명종을 섬기다가 석경당이 황제의 자리에 등극한 뒤에는 그의 친위대장에 임명된 인물이다.

950년에 후한이 멸망하자 이듬해에는 태원太原에서 유지원의 동생인 유숭劉崇(혹은 유민劉旻이라고도 한다)이 스스로 황제라 칭하고 북한北漢을 건국하였는데 북한의 황위는 유숭의 아들 유승균劉承鈞, 유승균의 양자인 유계은劉繼恩과 유계원劉繼元으로 대를 이어가다가 979년에 북송에게 멸망당한다.

여기서 문제가 되는 것은 951년에 건국한 후주後周라는 국가이다. 후주의 태조太祖 곽위郭威는 형주邢州 요산현堯山縣(오늘날의 하북성河北省 융요현隆堯縣) 출신이기 때문에 한인漢人이었으며, 세종世宗 시영柴榮도 형주邢州 용강현龍岡縣(오늘날의 하북성河北省 형태현邢台縣) 출신으로 원래는 곽위의 처형의 아들이었는데 이후 곽위의 양자가 되어 황위를 물려받았던 탓에 역시 한인으로 볼 수 있다.

그런데 현재의 지도를 보면 하북성 남단에 위치한 융요현과 형태현은 서로 인접해 있다는 점을 알 수 있다. 그뿐만이 아니다. 실제로는 선비계에 속하는 당나라가 일어난 곳도 융요현인바, 이곳에는 당나라 황실의 선조인 이희李熙, 이천사李天賜 2대의 묘소가 모셔져 있다. 그 이천사의 아들이 이호李虎이다. 다시 말해서 융요현은 선비족의 주거지였다. 이로 미루어 생각해 본다면 후주의 곽위나 시영도 본래는 선비계에 속한다 간주해도 좋을 것이다.

놀라운 사실은 여기서 그치지 않는다. 후주를 이은 북송北宋의 태조太祖 조광윤趙匡胤도 문제가 된다. 조광윤은 탁군涿郡(오늘날의 하북성河北省 고안현固安縣) 출신으로 알려져 있는데 이곳은 오늘날의 북경시北京市 바로 남단에 위치한다. 당나라 때부터 소그드인, 투르크인, 거란족 등이 대규모로 섞여 사는 외국인 주거지였다. 저 안록산安祿山도 북경 출신으로 (영주營州의 잡호雜胡) 아버지는 알 수 없지만 어머니는 투르크인 무녀巫女라 알려져 있는데 이곳을 근거지로 삼아 755년 당나라에 대항하여 반란을 일으켰던 것이다.

조광윤의 아버지인 조홍은趙弘殷은 후당後唐 장종莊宗의 친위대 출신으로 뒤에 후주後周 세종世宗의 친위대장의 자리에 오른 인물이다. 그 아들인 조광윤도 아버지의 자리를 물려받아 세종의 친위대장이 되었다가 960년 세종의 아들인 공제恭帝의 선양을 받아 북송 황제의 자리에 올라 후량後梁 이후 지속되었던 오대십국五代十國 시대를 종결시켰다. 사타沙陀 투르크인이 주축이 되었던 후당後唐의 친위대 출신이라는 점이나, 마찬가지로 태생이 의문시되는 후주의 친위대장을 역임했다는 점에서 보더라도 송나라 황실의 성인 조씨趙氏 역시 태생이 한인漢人인지 아닌지 확신할 수 없다. 실제로는 북방민족 출신이었을 가능성이 높다.

974년 북송 태조 치세에 후량後梁, 후당後唐, 후진後晉, 후한後漢, 후주後周의 역사를 통괄하는 『구오대사舊五代史』 150권이 완성되었다. 감수는 설거정薛居正이 맡았다. 내용은 「양서梁書」의 본기本紀와 열전列傳, 「당서唐書」의 본기와 열전, 「진서晉書」의 본기와 열전, 「한서漢書」의 본기와 열전, 「주서周書」의 본기와 열전으로 나누어져 있는데, 이 밖에 「세습열전世襲列傳」, 「참위열전僭僞列傳」, 「외국열전外國列傳」 등의 열전과 마지막에 「지志」 12권이 수록되어 있다. 『구오대사』의 편찬은 북송이 오대五代의 '정통正統' 을 이어받은 국가임을 천명하기 위한 것임은 말할 것도 없다.

천하에 황제가 둘이라는, 존재해선 안 되는 사태

976년 북송 태조 조광윤이 붕어하자 그의 동생인 태종太宗 조광의趙光義가 황제로 등극하였고 979년 친히 전군을 인솔하여 북한北漢을 정벌하였다. 북한 유계원劉繼元의 항복을 받아낸 조광의는 멈추지 않고 그대로 진군하여 거란의 유주幽州(북경北京)를 공격하였다. 『송사宋史』「태종본기太宗本紀」는 이때의 전투를 "황제(태종)가 친히 제군諸軍을 지휘하여 고량하高粱河에서 크게 싸웠지만 대패하였다"고 간략하게 기술하고 있다. 이는 송나라 군대의 입장에서는 대패전이었을지 몰라도 거란군의 입장에서는 대승전이었다.

『요사遼史』「경종본기景宗本紀」에 따르면 다음과 같다. "야율사耶律沙 등이 고량하에서 송나라 군대와 싸웠는데 아군이 조금 밀리는 기색이 보이자 야율휴가耶律休哥와 야율사진耶律斜軫이 송나라 군대의 측면을 공격하여 격파하였다. 송주宋主(태종太宗)는 가까스로 몸만 부지한 채 달아나다가 탁주涿州에 이르러 몰래 당나귀 수레에 올라타 도주하였다. 이튿날 송나라의 잔군을 습격하여 죽였는데 그 숫자가 굉장히 많았으며 빼앗은 무기, 갑주甲冑, 인장印藏, 군량, 화폐 등이 헤아릴 수 없었었다." 고량하는 북경 외곽에 위치하고 있다.

고량하의 전투에서 커다란 타격을 입어 선조의 땅을 복수하려던 애초의 계획을 단념하였다.

1004년 거란의 성종聖宗은 스스로 군대를 거느리고 북송을 침입하여 전주澶州(하남성河南省 북쪽의 복양현濮陽縣)에서 북송의 진종眞宗과 대치하였다. 여기서 진종이 거란의 황태후를 자신의 숙모로 대하면서 매년 은 10만 냥과 비단 20만 필을 세폐歲幣로 바치겠다고 약조함으로써 거란과 북송 사이에 화의가 성립되었다. 이를 전연澶淵의 맹약이라 부른다.

오늘날의 관점에서 본다면, 이러한 화의조건은 매우 현실적인 것으로 그리 문제될 것이 없는 듯하다. 그러나 사마천의 『사기』를 비롯한 '정통' 의 역사관에서 본다면, 북송으로서는 두 명의 황제가 병존한다는 것을 공식적으로 승인한 셈이다. 다시 말해서, 북송의 황제는 천하의 통치권을 가진 유일한 '정통' 황제가 아님을 인정했다는 것이다. 이는 북송에게는 굴욕일 뿐이었다.

사마광의 피상적인 편찬사업

고량하에서 맛보았던 굴욕에 대한 반동으로, 북송에서는 실제로는 오래전에 중국으로 이주해온 유목민의 자손이면서도 자신들만이 '정통正統' 인 '중화中華' 이자 '한인漢人' 이라 주장하면서 상처 입은 자존심을 달래고자 하는 움직임이 나타났다. 그리하여 새롭게 북방에서 대두한 유목민족제국을 가리켜 문화는 없고 무력만 강한 '이적夷狄' 이라 멸시하는 식으로 울분을 토하였다. 바로 이것이 '중화사상中華思想' 의 기원이다.

북송의 재상을 역임한 사마광司馬光(1019~1086년)이 주축이 되어 편찬한 『자치통감資治通鑑』 294권은 편년체編年體 형식을 취한 역사서이다. 1065년에 영종英宗 황제의 명을 받아 편찬에 착수하여 19년 뒤인 1084년에 완성하여 신종神宗 황제에게 헌상하였다.

사마광은 협주陜州 하현夏縣(오늘날의 산서성山西省 하현夏縣) 출신으로 아버지인 사마지司馬池는 천장각대제天章閣待制(한림원翰林院의 구성원)를 지낸 인물이다. 사마광은 어려서부터 총명함으로 유명했는데 7살 되던 해에 『춘추좌씨전春秋左氏傳』을 강독하는 것을 듣고 그것을 이해했다는 일화가 있다.

또 다른 일화도 있다. 사마광이 어렸을 때 친구들 여럿과 정원에서 놀고 있었는데 한 아이가 물이 가득 차 있는 큰 항아리에 기어 올라가다가 다리가 미끄러져 빠져버리고 말았다. 다른 아이들은 소리를 지르며 당황하였지만 사마광은 잠시 생각하더니 돌을 던져 항아리를 부쉈다. 항아리 속 물이 흘러나온 덕분에 아이는 무사할 수 있었다. 이후 북송의 도읍인 개봉開封에서는 사마광의 이 일화가 그림에 그려져 입에서 입으로 전해지게 되었다 한다.

1038년 인종仁宗 황제 때 사마광은 진사進士 갑과甲科에 급제하였다. 1069년 왕안석王安石(1021～1086년)이 신법新法을 시행하려 하자 사마광은 이를 두고 격한 논쟁을 벌인다. 당시 신종神宗 황제는 왕안석을 지지하고 있었기 때문에 사마광을 한지閑地로 좌천시켜 편년사編年史의 편찬을 계속하게 하고자 1072년 편찬사무국을 낙양洛陽으로 옮겼다. 어찌 되었든 그 결과 1084년 『자치통감』이 완성되었다.

1085년 신종 황제가 붕어하고 철종哲宗 황제가 즉위하였다. 사마광은 얼마 지나지 않아 재상으로 복귀하여 정권을 장악하였고 왕안석이 시행했던 신법의 폐지에 전력을 기울였지만 재임 8개월 만인 1086년에 세상을 떠난다.

중화사상의 탄생

『자치통감』의 중화사상은 무엇보다도 남북조 시대를 다루는 태도에서 가장 뚜렷하게 드러난다. 서장에서도 지적한 것처럼, 『자치통감』은 진秦 시황제始皇帝 이전인 서기전 403년에서 시작하여 북송의 태조 조광윤이 황제로 즉위하기 전해인 959년까지 약 1,362년 동안에 일어났던 사건을 추적하여 기록한 역사서이다. 그런데 남북조 시대를 다루면서는 남조의 연호만을 표기하고 북조의 연호는 표기하지 않고 있으며, 동진東晉, 송宋, 남제南齊, 양梁, 진陳 등 남조에 속하는 황제들은 '황제'라 부르는 반면에 북위北魏, 동위東魏, 서위西魏, 북제北齊, 북주北周로 이어지는 북조의 황제들은 '위주魏主', '제주齊主', '주주周主'라 부르고 있다. 북조는 '정통正統'이 아니므로 진짜 황제가 아니라는 서술 태도를 들여다볼 수 있다.

진陳나라가 멸망을 맞이하기 바로 전해인 588년의 기사까지만 해도 수隋나라 문제文帝를 '수주隋主', 진陳나라 마지막 황제인 장성공長城公을 '황제'라 부르는 태도는 여전히 변함이 없다.

그런데 이듬해인 589년 정월 기사부터는 진陳나라 황제는 '진주陳主'라 격하시키는 대신에 수나라 문제를 '황제'라 부르고 있다. 진陳나라가 멸망한 해를 기점으로 해서 '정통正統'이 남조에서 북조로 옮겨갔음을 보여주고자 하는 것인데, 이는 '정통正統'의 이론을 일관되게 보이게 하기 위해서 어쩔 수 없는 선택이었을 것이다. 그렇게 하지 않으면 수나라는 '정통正統'이 아닌 것이 되고 수나라에 뒤이은 당나라 역시 마찬가지여서 급기야는 사마광이 섬기고 있던 북송조차도 '정통正統'이 아닌 왕조가 될 위험에 처할 것이기 때문이다.

『자치통감』의 이러한 태도에는 북송과 대립하고 있던 거란제국, 즉 요遼나라를 북조北朝로 상정함으로 해서 요나라 황제는 '정통正統'이 아니며 따라서 천하를 지배하는 권리를 갖고 있지 못한 가짜 황제라는 것을 멀리 돌아서 주장하고픈 심정이 숨겨져 있다. 아무리 강력한 군사력과 드넓은 영토를 지배하고 있다고 하더라도 '이적夷狄'은 문화를 가지지 못한 인간 이하의 존재이며, 오로지 '중화中華' 만이 문화를 향유하는 참된 인간이라는 것이 '중화사상'의 핵심인 것이다. 말할 것도 없이 이러한 '중화사상'은 오늘날에도 중국에 뿌리를 내리고 있어서 중국인들이 세계에서 벌어지는 현상을 제대로 바라보는 데 커다란 장애물이 되고 있다.

다시 말해서 『자치통감』이 중국에 끼친 영향은 매우 크다고 하겠다. 그 예시로 들 수 있는 것은 『자치통감강목資治通鑑綱目』 59권이다. 이 책은 『자치통감』을 바탕으로 하여 거기에 기록되어 있지 않은 사항들을 보충하여 중요한 항목을 '강綱'이라 하고, 이에 관한 세부 사항을 '목目'이라 이름 붙인 편년사이다. 남송南宋의 주희朱熹(1130~1200년)의 저작이라 알려져 있지만 주희는 대강의 범례凡例를 만들었을 뿐이고 나머지는 주희의 유언을 받은 제자 조사연趙師淵 등이 편찬한 것이다. 『자치통감강목』은 대의명분大義名分에 따라 사실을 기록한다는 『춘추春秋』의 태도를 이어받은 것으로 삼국 시대의 촉蜀나라와 동진東晉 등을 '정통正統'으로 인식하고 있다. 그러나 사실에 관한 기술에서는 오류가 많은 까닭에 대단한 가치가 있다고 할 수는 없다.

다른 하나는 원元나라 증선지曾先之가 편찬한 『십팔사략十八史略』 2권이다. 이 책은 『자치통감강목』을 간략하게 정리한 데다 송대 역사를 덧붙인 것으로 중국 역사의 단면을 이해하는 데 도움을 준다.

제5장

송렴宋濂 등의 『원사元史』

— 진실을 은폐하는 악폐惡弊

유목제국의 흥망

현실 역사의 무대는 '정사正史'의 체계 속에 짜 맞춰지지 않고 끊임없이 확장을 계속한다.

630년 당나라의 태종이 중앙 유라시아의 유목민들로부터 '천가한天可汗'에 추대된 이후 반세기 동안 몽골 고원은 당제국의 지배 하에 놓여 있었다.

그러나 682년 몽골 남부에서 돌궐의 아사나阿史那 씨족氏族인 쿠툴룩Qutlugh/骨咄祿이 군사를 일으켜 당나라로부터 독립하였고 북몽골로 진출하여 항가이Khangai 산맥에 근거지를 세웠다. 이것이 제2차 투르크 제국(682~745년)이다. 제2차 투르크 제국은 처음으로 투르크어를 문어文語로 사용하였는데 이것이 투르크어가 유목부족 사이에서 널리 통용되는 계기가 되었다.

744년 몽골 북부의 위구르Uyghur/回紇, 回鶻 씨족인 쿠틀룩 보일라Qutlugh boyla/骨力裴羅라는 지도자가 나타나서 제2차 투르크 제국으로부터 독립하였고 이듬해에 제2차 투르크 제국을 공격하여 멸망시켰다. 이것이 위구르 제국(744~840년)의 건국이다. 이때까지 위구르 인들은 몽골 북부의 토올Tuul 강 이북에서 유목생활을 하고 있었기 때문에 투르크어를 사용했다고는 생각되지 않지만 이후 공통의 공용어로 투르크어를 채택하였다.

위구르 제국이 건국되고 얼마 지나지 않은 755년에 중국의 당나라에서는 '안사安史의 난'이 일어난다. 위구르인은 '안사의 난'에 개입하여 숙종肅宗을 도와 장안長安(서안西安)을 탈환하였고 763년에 난을 완전히 평정하였다.

위구르 제국이 건국된 지 약 100년 정도가 지난 840년에 키르키스Kirghiz 인이 반란을 일으킨다. 위구르 제국은 서북 방면에서 침입해온 키르키스 군에게 몽골 북부의 근거지를 빼앗김으로써 와해되었고 살아남은 위구르인들은 사방으로 흩어졌다. 이중에서 천산산맥天山山脈으로 이동한 집단은 베슈발리크Beshbaliq(오늘날 신강新疆 위구르 자치구 우루무치Ürümqi/烏魯木齊 시의 동쪽에 위치)에 정착하였다. 다른 위구르 집단은 감숙성甘肅省으로 도망쳐 티베트 제국의 보호를 받으면서 감주甘州(오늘날의 감숙성甘肅省 장액현張掖縣)에 위구르 왕국을 재건하였다.

그리하여 키르키스는 위구르를 대신하여 몽골 고원의 지배자가 되었지만 그 지배는 오래가지 못했다. 위구르 부족의 발원지인 셀렝게Selenga 강 유역의 동쪽, 곧 헨티Khentii 산맥의 동쪽 지방에서는 타타르Tatar라 불리는 유목민이 살고 있었는데 이들이 키르키스의 몽골 고원 지배에 항거하여 860년대에는 키르키스를 알타이Altai 산맥 이북으로 쫓아내었던 것이다.

그리하여 타타르는 옛 위구르 제국의 본거지였던 북몽골의 중부로까지 진출하였고 이후 케레이트Kereyit 부족이 되었다. 이 케레이트 부족은 북몽골 동부의 몽골 부족과 깊은 관계를 가지게 된다.

거란契丹 제국의 대두

이때 대흥안령大興安嶺 산맥의 남부, 곧 요녕성遼寧省 서부의 시라

무렌西拉木倫/Sira-Muren 강과 라오허무렌老哈木倫 강 유역에서 거란契丹이라는 부족이 유목하고 있었다. 제2차 투르크 제국 시대의 비문碑文을 보면 거란을 '키타니'라 부르고 있다. '키타니'가 이후 투르크 어에서 '키타이Qitan'로 변하게 된다.

10세기에 들어서자 야율아보기耶律阿保機(요遼의 태조太祖)라는 지도자가 등장하였는데 그는 916년에는 대거란국大契丹國 황제의 자리에 올랐고 919년에는 직접 군사를 이끌고 헨티 산맥 동쪽의 타타르 부족을 공격하여 크게 무찔렀다. 924년 야율아보기는 다시 군사를 이끌고 헨티 산맥 서쪽의 케레이트 부족을 공격하여 옛 위구르 왕국의 도시였던 오르콘 강변의 오르두 발리크Ordu Baligh에 이르렀으며, 이곳에서 남쪽으로 고비 사막을 가로질러서 감주甘州의 위구르 왕국을 공격하였다.

926년 야율아보기는 직접 군사를 이끌고 길림성吉林省 동부에 있던 옛 고구려계 국가인 발해渤海를 공격하여 멸망시켰지만 돌아오는 길에서 숨을 거둔다. 그리하여 야율아보기의 아들인 야율덕광耶律德光이 뒤를 이어 황제의 자리에 올랐다(태종太宗). 928년 태종은 군대를 보내 타타르를 정벌하여 완전히 복속시켰다. 그런 다음 타타르의 땅에 거란인을 이주시키고 케룰렌 강변에 몇 개의 도시를 건설하였다.

한편 중국에서는 후당後唐에서 내분이 일어나 936년 태원太原에서 사타沙陀 인을 통솔하던 장군 석경당石敬瑭이 낙양洛陽의 조정과 등을 돌리고 거란과 동맹을 맺었다. 거란의 태종은 직접 군사를 이끌고 석경당을 지원하면서 그에게 황제 칭호를 하사하고 중국의 정통 군주로서 승인하였다. 석경당은 그 대가로 '연운16주燕雲十六州'를 거란에게 할양하였는데, 이처럼 거란의 지원을 등에 업은 석경당은 마침내 낙양의 후당을 멸망시키고 개봉開封에 후진後晉을 건국하였다.

이리하여 거란은 북경北京과 대동大同을 손에 넣게 되어 중국과 남몽골 지역에서 압도적으로 유리한 위치를 차지하게 되었을 뿐만 아니라 이러한 우위는 이후 여진족女眞族의 금金 제국, 몽골족의 몽골 제국으로 이어지게 된다.

거란은 982~985년과 994~1000년 2회에 걸쳐 북몽골 지역의 케레이트 부족을 정벌하였는데 마침내 케레이트 왕 철랄리鐵剌里는 무리를 이끌고 거란에 복속하였다. 1003년 거란은 토올 강과 케룰렌 강 사이에 위치한 옛 위구르 제국의 도시 가돈성可敦城을 수리하였고 이듬해 그곳에 진주건안군鎭州建安軍이라는 군사요새를 설치하여 케레이트를 통치하는 중심지로 삼았다.

같은 해인 1004년 성종聖宗은 직접 군사를 이끌고 전주澶州로 향하여 그곳에서 북송北宋의 진종眞宗과 대치한 끝에 화의를 맺게 되었다. 전술한 것처럼, 거란과 북송 사이의 화의는 북송의 진종이 거란 성종의 황태후를 자신의 숙모로 모시면서 매년 거란에 은 10만 냥, 비단 20만 필을 세폐歲幣로 바치는 것을 조건으로 한 것이었다. 이것이 바로 전연澶淵의 맹약이다.

거란을 멸망시키고 남하하는 금金

전연의 맹약으로부터 약 100년 후 동북 지방에서는 수렵민인 여진족女眞族이 세력을 키워가고 있었다. 여진족의 하나인 완안完顔 부족은 아성阿城(오늘날의 흑룡강성黑龍江省의 성도省都인 하얼빈 시 동남부)에서 거주하고 있었는데, 1114년 완안 부족의 족장 아구다阿骨打가 거란과 전쟁을 개시하여 이듬해에는 대금황제大金皇帝의 자리에 등극했다. 아구다가 바로 금나라의 태조太祖이다. 금나라 군대는 파죽지세로 거란의 동북지역을 석권하였고, 1120년에는 거란의 도읍인 상경임황부上京臨潢府(오늘날의 내몽골자치구 적봉시赤峰市 바린좌기巴林左旗)를 점령하였다. 거란의 천조제天祚帝는 남몽골로 도주하여 서하西夏로 망명하고자 하였으나 결국 1125년 금나라 군대에 사로잡힘으로써 거란 제국은 멸망하였다.

거란이 멸망하기 얼마 전인 1122년 거란의 황족인 야율대석耶律大石은 당시 금나라 군대를 피해 남몽골에 머물고 있던 천조제와 그 일행으로부터 떨어져 나와 북몽골로 향하였고 진주鎭州의 가돈성可敦城에서 몽골 고원 7주의 거란인과 유목민 18부족의 대표를 소집하여 왕으로 추대되었다. 이듬해 야율대석은 전군을 통솔하여 중앙아시아 원정에 나섰는데 천산산맥 북쪽 베슈발리크를 본거지로 하던 위구르 왕국을 통과하여 사마르칸트(오늘날 우즈베키스탄의 도시)를 점령했다. 1124년 야율대석은 사마르칸트 서쪽에 위치한 케르미네에서 즉위식을 거행하여 거란어로 구르칸Gūr khān, 한문으로는 천우황제天祐皇帝라는 칭호를 취하였다. 그가 바로 서요西遼의 덕종德

宗이다.

1126년 덕종은 발라사군Balasaghun(오늘날의 키르기스스탄 수도인 비슈케크Bishkek 서쪽에 있는 추chui 강 인근)에 도읍을 정하고 쿠즈 오르도라 칭하였다. 서요는 이때부터 100년 가까이 중앙 유라시아에 산재해 있는 투르크계 부족들을 지배하였고, 투르크인들은 서요를 가리켜 '카라 키타이Kara Kitai' (검은 거란)라 불렀다.

한편, 금나라는 남쪽으로 화북 평원을 점령하여 회하淮河 유역에까지 이르고 있었으나, 북방에서는 고비 사막 남쪽, 곧 오늘날의 몽골 공화국 영토 안에 있었던 타타르 부족이나 케레이트 부족의 땅에는 미치지 못하고 있었다.

그러는 사이 1127년 북송의 강왕康王 조구趙構는 남경南京에서 황제에 등극한다. 그가 바로 남송南宋의 고종高宗이다. 1138년 고종은 항주杭州를 도읍으로 정하고는 1141년 금나라와 화의를 맺고 신속臣屬하였다. 이때부터 동아시아는 북방의 만주, 남몽골, 화북을 지배하는 금나라, 남방의 화중華中과 화남華南을 지배하는 남송으로 갈라지면서 양국 사이에 약 80년간 평화가 지속하였다.

중국을 제패한 몽골 제국

그런데 금나라는 북방에서 변경으로 침입하여 약탈을 일삼는 타타르라는 유목민 부족에게 골머리를 앓고 있었다. 1195년 금나라는 대군을 동원하여 북방의 타타르 부족을 토벌하는 동시에 타타르 부족 이외의 유목민들을 회유하여 타타르 부족의 배후를 치게 했다.

• 몽골 제국의 발전과 분열

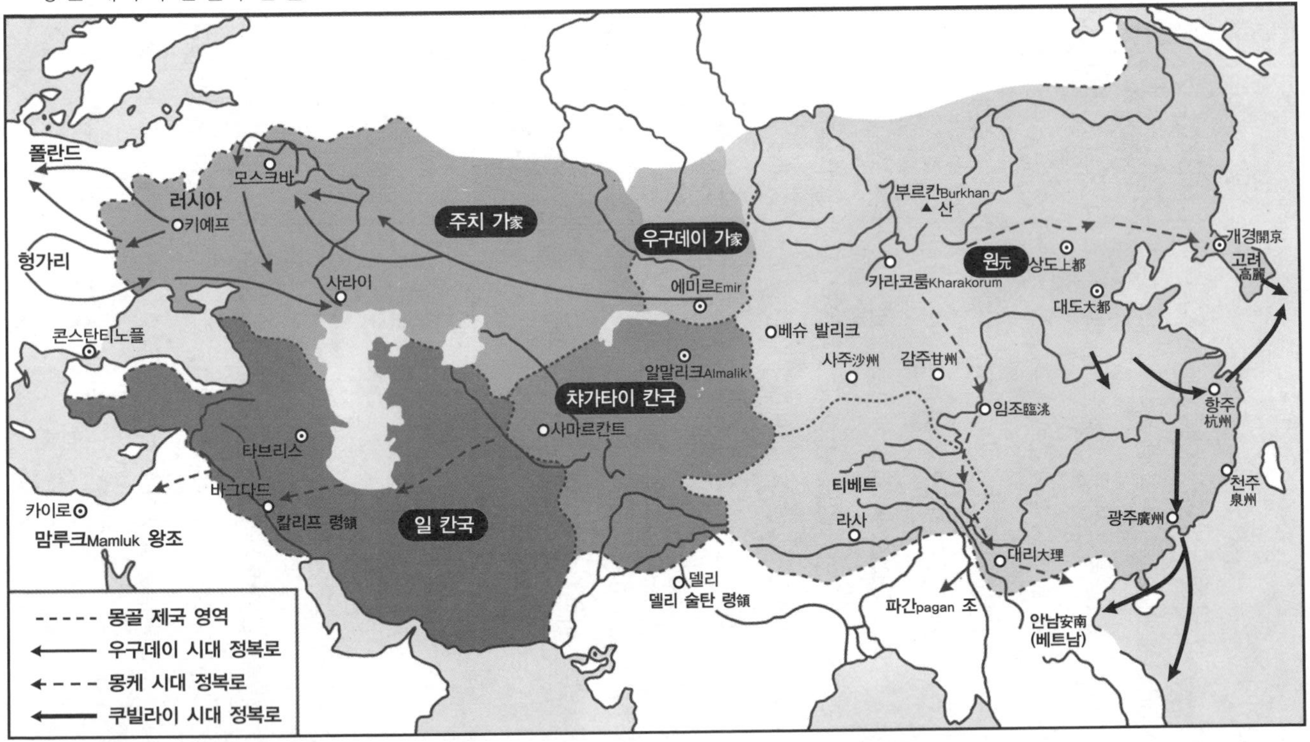

오카다 히데히로, 『몽골 제국의 흥망』(ちくま新書)에서 작성

이때 테무진이라는 몽골 부족의 족장이 등장한다. 테무진은 금나라의 요청에 응하여 타타르 부족을 공격하였고 상당한 전과를 거두었다. 케레이트 부족의 족장 토그릴 칸도 이 전쟁에 참여하였다. 금나라의 황제는 이들의 협조에 크게 기뻐하여 토그릴 칸에게 '왕王'의 칭호를 하사하였고 토그릴 칸은 완 칸이라 불리며 크게 명성을 얻었다. 또한 테무진에게는 백인대장의 관직을 하사하였다.

그런데 테무진의 죽은 아버지 예수게이Yesügei는 완 칸과 안다(각자 소중하게 여기는 물건을 교환하여 서로 맹우임을 천명하는 관계)였다. 그래서 테무진은 완 칸을 아버지로 생각하고 극진히 모셨고 둘은 협력하여 금나라 황제에게 적대하는 유목민족을 하나하나씩 정복해 나갔다.

테무진은 7년간 완 칸과 행동을 같이했으나 결국 둘 사이에 내분이 발생하였고 1203년에는 완 칸을 물리치고 케레이트 왕국을 멸망시켰다. 이어서 몽골 고원 서부의 알타이 산맥에서 대부족을 이루고 있었던 나이만 부족의 다얀 칸을 물리침으로써 마침내 고비 사막 이북에 거주하던 여러 유목민을 자신의 휘하에 집결시키는 데 성공한다.

그리하여 1206년 봄에 테무진은 자신의 고향인, 오늘날 몽골 공화국 동부 헨티 산맥에 위치한 오논 강의 수원水源 인근에서 전 유목부족의 족장들을 불러 모아 대회의(쿠릴타이Khuriltai)를 개최하였고 이 자리에서 칸으로 추대되어 칭기즈 칸(1206~1227년 재위)이라는 칭호를 사용하게 된다. 이로써 몽골 제국이 건국된 것이다.

칭기즈 칸은 몽골 제국을 건설하였고, 그 아들인 우구데이 칸(태종太宗)은 금나라를 정복하였으며(1234년), 그 손자인 쿠빌라이 칸(원元나라의 세조世祖)은 화중華中과 화남華南에 남아 있던 남송南宋(1127~1276년 재위)을 멸망시켰다.

여기에서 볼 수 있는 것처럼, 중앙 유라시아 초원에서는 6세기 이래 제2차 투르크 제국, 위구르 제국, 거란(요나라), 여진(금나라), 몽골 제국이라는 일련의 유목민 계열의 국가가 성장을 거듭하였고 마침내 13세기에 이르면 수나라와 당나라를 계승한 남송마저도 완전히 장악해 버린다.

원조元朝는 한족漢族의 정통을 문제 삼지 않았다

쿠빌라이 칸이 건국한 원나라의 칸들은 당연히 자신들이 중앙 유라시아 초원에서 흥망했던 유목민 계열의 국가를 계승하고 있음을 분명히 자각하고 있었다. 그들은 역사서를 편찬하는데 열심이어서 순제順帝 토곤 테무르 칸은 1345년에 『요사遼史』 116권, 『금사金史』 135권, 『송사宋史』 496권을 비롯한, 한문으로 쓰여진 세 종의 '정사正史' 를 편찬하였다. 감수는 중서우승상中書右丞相 토쿠토(1314~1355년) 등이 맡았다.

이 세 편의 역사서에는 저마다 「본기本紀」가 실려 있다. 송나라는 중국의 왕조이지만, 요나라(거란), 금나라(여진)는 중앙 유라시아의 제국이다. 세 국가 모두에 대한 「본기」를 편찬한다는 것은, 수나라와 당나라 이후 중국의 '정통正統' 을 이어받은 국가는 송나라라는 기존의 견해와 달리, 중앙 유라시아에서도 독자적인 '정통' 이 있었고 그

것이 요나라에서 금나라를 거쳐 몽골 제국으로 어어졌다는 몽골인들의 새로운 인식을 보여주는 사례라 하겠다.

『사기史記』 이후의 '정통正統' 관념에서 보자면, 옛 당나라가 지배하던 지역 거의 대부분을 재통합한 북송을 '정통正統'이라 하는 것이 당연한 일이며, 북송의 황족이 강남에서 세운 망명정권으로서 북송 영토의 남반부를 차지했던 남송도 '정통'이어야 함은 마찬가지다. 그래서 『송사宋史』는 북송과 남송 모두에게 「본기」를 편찬함으로 해서 '정통'으로 대우하고 있는 것이다.

그런데 『요사遼史』와 『금사金史』에서는 북송, 남송과 대립하던 요나라와 금나라의 황제들 역시 「본기」를 편찬하여 '정통'으로 취급하고 있다. 앞에서 말한 것처럼, 천하가 다시 한 번 둘로 갈라졌으며 그에 따라 '정통'도 둘이라는 사태가 벌어진 것이다.

이는 원元나라의 입장에서는 당연한 태도였다. 중국의 바깥을 지배했던 요나라의 지배권을 이어받아 중국의 북반부를 지배한 국가가 금나라이며, 금나라와 동맹부족이었던 몽골 부족에서 칭기즈 칸이 출현하여 금나라의 황제로부터 독립하였고 그가 건국한 몽골 제국이 금나라를 멸망시키고 나아가 남송까지도 멸망시켜 전 중국을 정복했기 때문에, 요나라와 금나라 그리고 원나라는 독자적인 일련의 '정통' 계열에 속하게 되는 것이다. 원나라의 입장에서는 요나라의 황제나 금나라의 황제 모두 '정통'이어야만 하는 것이다. 그렇지 않다면 원나라는 '정통'이 아닌 왕조가 되고 만다. 이래서는 한문漢文으로 '정사正史'를 편찬하는 의미가 없다.

한편 원나라 조정에서 『요사遼史』와 『금사金史』를 편찬하는 데 크게 분개한 강남江南의 양유정楊維禎(1296~1370년)이라는 한인漢人 출신의 문인이 이를 비판하는 장문의 의견서를 칸에게 상주하는 사건이 벌어진다. 양유정의 논지를 정리하자면, 원나라가 중국을 지배하는 권리는 쿠빌라이 칸이 남송을 멸망시켰을 때 획득한 것이기 때문에 오로지 북송과 남송만을 '정통正統'이라 인정할 수 있을 뿐이며 요나라와 금나라의 역사는 『송사宋史』 안에서 「거란열전契丹列傳」과 「여진열전女眞列傳」으로 다루는 것이 타당하다는 것이다.

그러나 원나라 조정을 운영하던 몽골인들은 양유정의 비현실적인 주장 따위는 상대하지 않았다. 다만 어떻게 해서 이러한 주장이 진지하게 개진될 수 있었는지에 대해서는 다음과 같은 설명이 가능하다. 남송의 유민이었던 문인들은 '정통正統'의 역사관에 따라 교육 받았고 한자漢字로 쓰여진 것만을 문명文明이라 여기고 있었기 때문에 그들이 생각하는 역사의 대상은 사마천司馬遷이 『사기史記』에서 서술했던 전한前漢 무제武帝 시대에 완성된 중국의 강역에 한정되어 있다. 역사의 대상을 중국의 바깥, 그러니까 유라시아 대륙의 동쪽에서 서쪽까지 확장시키는 일은 한인의 머리에서는 생각조차 할 수 없는 일이었다.

13세기부터 국호國號를 붙이는 방식이 바뀌었다

몽골인의 역사관을 설명하기에 앞서 다시 한 번 흥미 있는 이야기 하나를 덧붙이고 싶다. 몽골인이 '대원大元'이라는 국호를 채택하기 전까지 중국에서 왕조의 명칭은, 왕망王莽이 새로운 왕조라는 의미에서 붙인 신新나라를 제외하면, 모두 다 춘추전국春秋戰國 시대에 존재했던 지방도시의 이름에서 따온 것이다. '수隋' 와 '당唐' 도 마찬가지다.

'요遼' 와 '금金' 은 어떠한지를 말하자면, 요나라를 건국한 거란족의 발상지가 요녕성遼寧省 서부에 있는 요하遼河 상류 시라무렌 강 근처였기 때문에 '대요大遼' 라는 국호가 생겨난 것이고, 금나라를 건국한 여진족 군주 완안아구다完顔阿骨打(금나라의 태조太祖)의 출신지는 흑룡강성黑龍江省 아르추카수按出虎水 인근 오늘날의 아성현阿城縣인데, 아르추카수는 여진어로 '황금' 을 의미하는 까닭에 '대금大金' 이라는 국호가 생겨난 것이다. 다시 말해서 왕조의 명칭이 모두 지명에서 유래한 것이다.

그러나 '원元' 은 다르다.

몽골인이 중국의 옛 도시 이름이나 출신지의 지명을 국호로 삼지 않고 '하늘天' 을 의미하는 '대원大元' 을 국호로 채택한 것은, 중국만을 대상으로 하는 역사의 시대가 끝나고 몽골 세계의 시대가 시작되었다는 의식을 표현하고 있는 것이다. 원나라가 『요사遼史』, 『금사金史』, 『송사宋史』를 편찬하면서 모두 다 황제라 인정하고 있는 것도 이와 분명한 연관관계가 있다.

원나라는 약 100년간 중국을 지배하다가 1368년 중국을 상실하고 몽골 고원으로 철수하였다. 이후 중국을 지배한 왕조는 명明나라라는 한인漢人 왕조였다. 정확하게 말하자면 '대명大明' 인데 이 국호도 '대원大元' 과 마찬가지로 예전과 같이 지명에서 유래한 것이 아니다. '대명' 은 '태양' 을 의미한다.

1636년 만주족이 심양瀋陽에서 '대청大淸' 이라는 국호로 청나라를 건국하고 8년 후에는 중국을 정복하였다. '대청' 이란 '대원' 과 마찬가지로 '하늘天' 을 의미한다. 이처럼 국호를 정하는 방식만 보더라도 13세기부터 중국이 새로운 시대에 진입했다는 것을 알 수 있다.

『원사』가 안고 있는 문제점

그러나 명나라의 시대가 되었어도 중국에서 정사正史를 편찬하는 방식은 전과 변함없이 『사기史記』와 『한서漢書』의 틀을 답습하였다. 명나라 태조太祖 홍무제洪武帝가 지시하여 1370년에 완성을 본, 송렴宋濂(1310~1381년) 등이 편찬한 『원사元史』 210권은, 물론 몽골인이 남겨놓은 사료를 활용하여 편찬한 것이기는 하나 그 체제는 이전의 정사正史를 그대로 이어받은 것이어서 역사 서술의 대상도 정사가 간주하는 중국의 범위를 벗어나지 않고 있다.

여기에는 두 가지 까닭이 겹쳐 있다. 첫 번째 까닭은, 원나라에는 문서행정의 중심이 두 군데였다는 점이다. 오늘날의 내몽골 자치구 돌론현多倫縣 인근 챠하르 정람기正藍旗 지역에 있었던 상도上都와 오늘날의 북경에 있었던 대도大都가 그곳이다. 대도가 장성 이남의 정주 생활권을 통치하는 행정기관이었다면, 상도는 북아시아의 유목 생활권을 통치하는 행정기관이었다.

그런데 이중에서 상도는 1358년 홍건군紅巾軍의 습격을 받아 모두 불타버리고 만다. 그렇기 때문에 명나라가 몽골인을 중국에서 쫓아낸 직후에 편찬을 개시했던 『원사』에서 사용할 수 있는 사료는 대도에 있었던 정주 생활권에 관계된 문서밖에 없었던 것이다.

두 번째 까닭은, 『사기』 이후 정사를 편찬하는 체제를 들 수 있다. 『원사』가 유라시아 대륙 전체에 걸쳐 있던 몽골 제국의 역사를 다루는 것이 아니라 쿠빌라이 가문이 지배하는 몽골 제국의 한 부분인 원나라의 역사를 다루고 있을 뿐이기는 해도 원나라의 지배 영역에 들어와 있던 몽골 고원, 티베트 고원, 동투르키스탄 등에서 발생한 대부분의 사건에 대해서 어떠한 서술도 하지 않고 있다. 서술하고 있는 사건은 한문으로 쓰인 전통적인 정사正史에서 '천하'의 범위로 취급하던 장성 이남의 이른바 한인漢人 생활권에 한정되어 있다.

그런 까닭에 『원사』에서는 여러 부분에서 문제가 발생하고 있다. 예를 들자면, 『원사』에는 원나라의 제도를 서술하는 「백관지百官志」라는 항목이 있다. 이는 반고班固가 편찬한 『한서』 「백관공경표百官公卿表」에서 비롯한 것인데, 『원사』는 이처럼 역대의 정사正史와 동일한 체제에 따라 서술하고 있는 까닭에 원나라의 행정기구도 마치 중국과 마찬가지로 상급 관청, 중급 관청, 하급 관청으로 연결되는 피라미드 형의 행정조직이었다는 식으로 읽혀진다.

그러나 원나라 시대의 몽골식 제도를 실제로 살펴보면 이처럼 관청 간의 뚜렷한 명령 계통은 전혀 없었다는 것을 알 수 있다. 몽골식 제도에서 유목민 족장이 어떠한 관직명을 받는다는 것은 자신이 통솔하는 부족 내의 사무소에 그럴듯한 관청 간판을 내건다는 정도의 의미였다. 유목부족과 유목부족 사이에는 상하관계나 명령계통이 존재하지 않았다. 모두 같은 구성원으로서 동등한 대우를 받았던 것이다.

물론 유목민 족장들이 칸을 알현하거나 궁중의 연회에 참석할 때에는 등급에 따라 자리가 결정되었다. 그들이 받은 관직명은 당나라 때의 관례에 따라 한자漢字로 새겨져 있기는 하였으나, 그 관직명과 실질적인 직무는 아무런 관계가 없었다.

원조에 피라미드형 지방행정조직 따위는 없었다

『원사元史』에서 가장 당혹스러운 점은 원나라의 영역을 서술하는 「지리지地理志」이다.

「지리지」를 보면 원나라의 판도는 '행중서성行中書省' 이라는 몇 개의 지방행정조직으로 분할되어 있는 것처럼 보인다. 이 '행중서성', 약칭으로는 '행성行省' 이 현대 중국의 행정구역 단위인 '성省' 의 기원이다.

그런데 원나라 시대 '성省' 의 실태를 살펴보면 이것이 지방행정의 단위가 아니었음을 알 수 있다. '중서성中書省' 은 본디 중국에서 황제의 개인 비서실을 가리키는 용어이다. 몽골군이 금나라의 도읍인 연경燕京(오늘날의 북경北京)을 함락시켰을 때 금나라의 중서성에서 근무하고 있던 야율초재耶律楚材(1189~1243년)라는 거란인이 칭기즈 칸에게 행정 수완을 인정받아 정치 고문으로 중용되었다. 그리하여 2대 칸인 우구데이 칸이 문서의 기록을 담당하는 사무소를 설치할 때 여기에 '중서성' 이란 명칭을 붙였고 야율초재를 장관 격인 중서령中書令에 임명하였다.

쿠빌라이 칸도 대도大都(오늘날의 북경北京)에 중서성中書省을 설치했다. 이 중서성은 쿠빌라이 가문을 지지하는 유력 부족장들의 합의기관이었는데, 중서성의 의장에 해당하는 이는 우승상右丞相, 부의장에 해당하는 이는 좌승상左丞相이란 직함을 받았고 위원들은 평장정사平章政事라 불렸다. 위원회의 아래에 있는 사무국에는 국장에 해당하는 우승右丞과 차장에 해당하는 좌승左丞이 있었다.

중앙의 중서성에서 고위 관리가 지방으로 출장을 나가 전쟁의 지휘나 점령지의 군정軍政을 맡아보는 기관을 '행성行省'이라 불렀다. 그래서 행성은 임시적인 조치였지 항구적인 지방행정기구는 아니었다. 이후에는 중앙에서 파견하는 행성만이 아니라 지방의 점령지에서 주둔하는 군대의 사령관이 행성이란 관직명을 받는 경우도 많았다.

『원사』「지리지」의 서술방식은 먼저 행중서성의 명칭을 붙여놓은 다음에 그 행성의 사령부가 위치해 있는 대도시의 명칭을 기재하고 있고 마지막으로 중소도시의 명칭을 써놓았다. 이렇게 보면 마치 행성이 이 도시들을 직접 지배하는 것 같은 인상을 주지만, 실제 그 도시는 특정한 몽골 귀족이 세습하는 영지였다. 원나라 지배하의 중국은 그러한 영지들이 모자이크처럼 얽혀 있는 구조였기 때문에 피라미드형의 지방행정기구 따위는 도저히 존재할 수 없었다.

중국이 분할되었던 100년간

그렇다면 원나라의 행정기구는 실제로 어떠했는지에 대해 여기에서 간략하게 설명하도록 하겠다.

몽골과 같은 유목제국의 통치 구조는 칸을 중심으로 하는 중앙집권적 체제가 아니라 실상은 여러 부족의 연합체였던 까닭에 정복 전쟁에 동원하는 군대도 칸이 동원령을 내리는 것이 아니라 연합에 참가하고 있는 부족장들이 대회의(쿠릴타이)에서 토론하여 결정한다. 당연히 군대의 편성에 관해서도 모든 것을 합의에 따라 결정한다.

부족장이나 유목영주 들은 할당된 군대의 인원을 자신의 휘하에 있는 유목민으로 채워 넣은 다음 스스로 군사를 이끌고 전쟁에 참가한다. 이런 부족장 중에는 여성도 있었다. 칭기즈 칸 일족에 속하는 여성들 중에는 자신 휘하 군사를 상당수 파견한 이도 있고 스스로 전쟁에 참전한 이도 있다.

전쟁터로 떠나는 병사는 말과 무기를 비롯한 장비는 물론이고 양식도 알아서 해결해야 했다. 그 대신 전쟁에서 승리하면 적에게서 약탈한 물품 중에서 칸이 취하는 양 이외에는 모두 참전한 병사들에게 공평하게 배분하였다. 몽골인들과 같은 유목민족에게 전쟁은 경제활동의 일환이었던 것이다.

원정을 떠나는 도중에 도시 하나를 점령하면 전쟁에 참가한 부족에게 그들이 군사로 동원한 인원에 대응해서 그 도시에서 손에 넣은 약탈품을 분배하였다. 그런데 분배하려는 물품이 가축, 노예, 보석과 같은 동산動産이라면 문제가 없지만, 도시와 농경지에서 거둬들이는 인두세人頭稅에 관해서는 문제가 발생한다.

기록에 의하면, 이전 금나라 영역이었던 화북華北에서는 한 도시를 점령하고 나면 여기에서 저기까지는 누구누구의 소유, 저기에서 어디까지는 누구누구의 소유라는 식으로 분할하였는데, 자신의 부하를 전쟁터로 파견했던 부족장들은 새롭게 정복한 도시에서 자신의 소유로 할당된 구획의 주민에게서 매년 세금을 징수할 수 있는 권리를 얻었다고 한다.

그리고 이 권리는 세습되었다. 이러한 세금의 징수가 매해 중국 전역에서 이뤄진 것이었기 때문에 원나라가 중국을 지배했던 약 100년 동안에는 중국에 통일된 행정조직은 존재하지 않았으며, 정주 농경 지대는 몽골 부족장들에게 할당된 봉토封土들로 세분되어 있었다.

우리들은 '정사'에 속고 있다

그런데 이러한 실상을 『원사』「지리지」의 표면적 서술에서는 전혀 살펴볼 수가 없다. 이제까지 '정사正史'에서 편찬하는「지리지」의 형식에 따라 지명을 나란히 기재해놓은 것에 지나지 않기 때문이다.

그렇기 때문에 정사의 전통에 따라 교육 받은 중국인이 『원사』를 읽게 되면, 원나라를 유목민이 중국에 들어와서 만들어놓은 중국식 왕조로 오해하는 일이 발생한다. 실제로 원나라는 온전한 유목제국이었으며, 중국식의 요소는 거의 없었다. 있다고 한다면, 한자로 명기되어 있는 관직명을 사용했다는 것뿐이다.

그런 까닭에 서술의 범위가 중국세계에 한정되어 있다는 점, 그리고 서술의 형식이 『사기』 이후 '정사正史'의 편제를 그대로 따름으로 해서 거기에 원나라의 현실이 들어맞지 않는다면 설령 그것이 본질적인 부분이라 해도 도외시하고 서술하지 않는다는 점, 이 두 가지 의미에서 『원사』는 역사서로서는 뚜렷하게 불충분하다 하겠다.

오늘날 우리들은 중국의 역사에 관해 확고부동한 중국적인 전통이 존재하고 정치조직 역시 19세기까지 거의 변하지 않았다는 인상을 받기 쉽다. 그러나 그러한 인상은 앞서 설명한 『원사』의 예에서도 알 수 있는 것처럼 실은 '정사' 에 속고 있는 것이다. 변하지 않았던 것은 '정사' 의 서술형식일 뿐이지 중국의 현실 상황은 시대에 따라 커다란 변화를 거듭했다. 다만 무엇이 어떻게 변했는지를 서술하는 틀이 정사에 존재하지 않았던 까닭에 쓰일 수 없었을 뿐이다.

이러한 맥락에서 우리는 '정사' 가 안고 있는 치명적인 결함을 제기할 수 있다. 첫째, '정사' 는 분량은 많더라도 내용은 부족하여 우리들이 실제로 알고자 하는 것은 쓰여 있지 않은 경우가 많다는 점을 들 수 있다.

둘째, '정사' 는 그 형식뿐만이 아니라 그 개별적인 사실에 관해서도 황제의 마음에 들지 않는 부분은 생략해버리고 있다. 그래서 굉장히 중요한 사건이 발생하더라도 서술하지 않고 넘어가는 경우가 있다. 설령 어떤 사관이 그 사건을 서술한다 하더라도 그로 인해 황제에게 목이 달아나지 않을 정도로만 표현하는 식으로 사건의 의미를 제대로 짚어내지 못하는 것이다. 따라서 사건의 핵심이 어디에 있는지를 끄집어내는 일이 매우 어렵다.

가장 중요하다 할 세 번째 결함은, '정사' 라는 것이 모두 황제 제도의 관점에서 본 중국사라는 점이다. 그래서 다른 정치세력, 즉 중국 황제와는 별개의 독립된 정치세력과의 교류에 관해서는 중국 황제의 입장만을 고수하고 있어서, 다른 관점에서 본다면 어떠한지, 중립적인 입장에서 본다면 알 수 있는 현실을 은폐하고 있다.

이러한 경향은 『명사明史』에서도 매우 두드러진다. 명이라는 왕조는 14세기에서 17세기까지 존재했는데, 명나라는 몽골 고원에 잔존해 있던 몽골 제국의 후예인 몽골의 칸들과 계속해서 대립하였다. 그런데 명나라의 공식적인 방침은 이제야말로 천명이 명나라에게 주어졌다는 것이었다. 이러한 입장에서, 명나라에게서 독립해 있던 정치세력과 명나라 황제 사이의 교류는 모두 '조공朝貢' 이라는 명칭으로 표현되었다.

제6장

기운사祁韻士의 『흠정외번몽고회부왕공표전 欽定外藩蒙古回部王公表傳』
— 역사에 대한 새로운 도전

몽골을 서술하는 『명사明史』의 입장

원나라는 1368년에 중국 땅을 잃었지만 멸망한 것은 아니다. 몽골인들은 결코 명나라를 '정통正統' 황제로 인정하지 않았다.

칭기즈 칸의 자손들은 중앙 유라시아 지역으로 물러나 왕가를 보존했고 몽골 고원에서도 북원北元이라는 왕가가 17세기까지 존속하였는데 마지막 칸인 유아遺兒가 만주족滿洲族 군주에게 항복함으로써 몽골 제국의 통치권이 청淸나라(1636~1912년)에게 계승되었다. 청나라는 일찍이 원나라의 판도에 맞먹는 광대한 지역을 통일하여 유라시아 대륙의 동반부를 지배하는 대제국으로 성장하였는데, 이 청나라가 편찬한 역사서가 바로 최후의 '정사正史'라 불리는 『명사』이다.

1644년 청나라는 중국의 북경北京을 점령하였고 이듬해인 1645년에 정사의 편찬을 담당하는 '명사관明史館'을 개소하였는데, 이때는 아직 만주족의 중국 지배가 확립되지 않은 상태였던 까닭에 결국 완성을 보지는 못하였다.

1679년 강희제康熙帝(1654~1722년/1661~1722년 재위)가 다시 '명사관'을 설치하고 여러 학자들을 동원함에 따라 『명사』도 본격적인 편찬 작업에 들어가 차츰차츰 사고史稿가 만들어졌다. 그러나 이를 감수하는 것은 쉽지 않은 일이었다.

결국 「열전列傳」을 왕홍서王鴻緖(1645~1723년), 「본기本紀」를 진정경陳廷敬(1639~1712년), 「지志」를 장옥서張玉書(1642~1711년)가 분담하여 편찬하는 식으로 명사관의 업무가 서서히 진행되었다. 그러는 사이 만사동萬斯同(1638~1702년)도 명사관의 업무에 가담하여 사고史稿를 수정하고 첨삭하는 일에 진력하였다.

이후 명사관의 주요 구성원들이 차례차례 세상을 떠나거나 또는 사의를 표하고 관직에서 물러나면서 『명사』 편찬 작업도 활기를 잃고 둔화되었는데, 1723년 옹정제雍正帝(1678~1735년/1722~1735년 재위) 때에 명사관 총재 왕홍서가 『명사고明史稿』 310권을 완성함에 따라 같은 해부터 이를 저본으로 하여 『명사』의 편찬이 재개되었고, 이후 장정옥張廷玉(1672~1755년) 등이 명사관 총재로 임명되면서 『명사』의 편찬도 마지막 단계에 들어서게 된다. 그리하여 마침내 1735년 『명사』 전체의 편찬이 끝을 맺는다.

장정옥 등이 편찬한 『명사』는 「본기」 24권, 「지」 75권, 「표」 13권, 「열전」 220권으로 모두 332권으로 이뤄져 있다.

이상에서 알 수 있는 것처럼, 『명사』의 편찬은 과거科擧를 통해 관직에 진출한 문인 관료들이 기록해놓은 '실록實錄'에 바탕을 둔 것이며, 편찬 작업의 실무를 담당한 이들도 마찬가지로 문인 관료의 일파였다. 그렇기 때문에 『명사』의 내용은 실제 명나라 조정의 실권을 쥐고 있었던 군인과 환관의 역할을 깎아내리고 문인 관료의 공적을 실제 이상으로 높게 평가하는 경향이 강하다.

더구나 『명사』가 원나라의 '정통'을 이어받은 청나라에서 편찬한 것이라고는 해도 명나라와 몽골 간의 관계를 서술하는 부분에서는 기존 정사正史와 일맥상통하는 점이 있다. 다시 말해 『명사』는 몽골을 외국으로서 취급하고, 몽골과의 관계를 「외국열전」에 집어넣어 「달단韃靼」이란 표제를 붙이고 있는 것이다. 그리고 그 첫머리에서는 "달단(타타르Tatar)은 곧 몽골을 가리키며 원래 원元나라의 후예들이다"라 단정하고 있다.

몽골이 원나라의 후예라고 확언하는 것은, 중국인의 역사관에서 본다면 몽골에게 정통이 있다는 것을 인정하는 것밖에 되지 않는다. 그러나 명나라는 중국세계에만 속하는 국가였던 까닭에 『명사』 역시 중국세계만을 다루는 정사正史의 틀에서 벗어나지 못하였던 것이다.

정치가 농단한 『청사고淸史稿』의 편찬

중국의 정사正史는 『명사』에서 종결되나 아직 청나라의 정사가 남아 있다. 청나라는 1912년에 멸망하고 중국에서는 중화민국中華民國이 건국된다. 그러니 『청사淸史』가 청나라의 '정사正史'가 되는 것은 당연할 터였다.

청나라가 멸망한 지 2년 뒤인 1914년에 북경北京의 중화민국 국무원國務院에서 '청사관淸史館'을 개소하고 조이손趙爾巽(1844~1927년)을 관장으로 임명하여 총 68명의 학자들을 『청사』 편찬에 투입하였다. 이로써 『청사』의 편찬 작업이 개시된 것이다.

그러나 예산이 턱없이 부족하여 관련 업무가 정체되어 있는 데다가 편찬관도 점차 줄어듦에 따라 청사관에 남아 있던 이들도 마음 놓고 편찬에 전념하기가 불가능하였다. 그런 상황에서도 1928년에 겨우 원고가 대강이나마 갖추어져서 『청사고』라는 이름으로 간행되었다. 이것이 『청사고』의 '관내본館內本'인데 「본기」 25권, 「지」

142권, 「표」 53권, 「열전」 316권으로 모두 536권으로 이뤄져 있다.

'관내본' 과 달리 금양金梁이란 이가 권수는 동일하지만 임의대로 '관내본' 의 일부를 개정하여 「열전」에 장훈張勳, 장표張彪, 강유위康有爲에 관한 항목을 추가했고 「예문지서藝文志序」의 문장을 고쳐서 간행하였다. 이것을 가리켜 '관외본館外本' 이라 한다.

『청사고』 '관내본' 과 '관외본' 의 간행이 이뤄진 직후에 북경에 입성한 국민정부는, 원세개袁世凱에서 장작림張作霖으로 이어지는 군벌 정권이어서 청나라의 유로遺老들에 의해 편찬된 이 책이 국민당과 중화민국에 걸림돌이 된다 여겼고 결국 책의 발행을 금지시켰다. 그러나 금양은 은밀하게 '관외본' 수백 부를 봉천奉天(오늘날의 심양瀋陽)으로 운반하여 유포시켰다.

이후 금양은 '관외본' 에서도 「장표열전」을 삭제하고 「시헌지時憲志」 안에서 「팔선표八線表」(팔형八桁의 대수표)를 제외시켰으며 「문원열전文苑列傳」에 주균朱筠, 옹방강翁方綱을 추가하여 인쇄하였다. 이것이 '제2차 관외본' 이다.

1949년 중화민국이 대만으로 피해간 지 11년 후인 1960년이 되자 국방연구원國防研究院에서 장개석蔣介石(1887~1975년) 총통에게 요청하여 '청사편찬위원회清史編纂委員會' 를 조직하였고 이듬해인 1961년에 『청사』 8책을 간행하였지만 편찬 작업이 급하게 진행된 탓에 문제가 없지 않았다.

1978년이 되자 이번에는 대북臺北의 고궁박물원故宮博物院이 주축이 되어 『청사고』의 교주校注 작업이 개시되었으며 6년 후인 1984년에 끝을 보았다. 『청사고교주清史稿校注』의 간행은 대만에서 국사관國史館의 명의로 2년 뒤인 1986년에 시작하여 1991년에 완간되었다. 모두 15책이고 부록이 1책이다.

여기까지가 조이손 등이 참여한 『청사고』의 편찬 과정에 대한 간략한 설명이다.

보기 드문 역사서 『흠정외번몽고회부왕공표전』

그런데 『청사고』에는 『명사』까지의 '정사正史'에는 찾아볼 수 없던 부분이 있다. 몇 가지 예를 들자면, 216권에서 218권까지에 해당하는 「번부세표藩部世表」나 525권에서 532권까지에 해당하는 「번부열전藩部列傳」이 대표적이다.

청나라에서 '번부藩部'란 왕조의 발상지인 만주를 뜻하면서 청나라가 간접 통치하는 중국 이외의 주민을 가리킨다. 몽골의 호르친Qorchin 부에서 티베트까지를 아우르는 각 부의 역사를 기재해놓는 것은 이제까지의 정사에서는 찾아볼 수 없는 일이었다. 이런 일이 가능했던 까닭은 건륭제乾隆帝(1711~1799년/1735~1796년 재위) 시대인 1789년에 완성된 『흠정외번몽고회부왕공표전』 120권이 존재했기 때문이었다.

실제 『흠정외번몽고회부왕공표전』은 한문 판본만 있는 것이 아니다. 만주어 판본과 몽골어 판본이 각각 120권씩 남아 있는데, 만주어로는 Hesei toktobuha sirame acabuha Tulergi goloi Monggo hoise aiman-i wang gung sai ulabun라 하고, 몽골어로는 Jarliγiyar toγtaγaγsan γadaγadu Mongγol Qotong ayimaγ-un vang güngüd-ün iledkel šastir라 한다. 청나라에서는 한문, 만주어, 몽골어를 '3체三體'라 부르면서 공용어로 사용하였는데, 『흠정외번몽고회부왕공표전』은 만주어 판본이 가장 오래된 것이다.

『흠정외번몽고회부왕공표전』의 내용은 몽골의 여러 부, 티베트, 회부(이슬람교도) 왕공王公의 작위 세습과 각 부의 총전總傳 그리고 왕공의 열전으로 이뤄져 있다.

총전은 우선 각 부의 위치와 권역을 설명하고 왕공의 선조들에 대해 알 수 있는 데까지 거슬러 올라가 설명한다. 열전은 왕공마다, 예컨대 몽골인이라면 칭기즈 칸의 몇 대 손이고, 언제부터 청나라와 관계를 맺었으며, 어떻게 하여 작위를 얻게 되었는지를 서술한다. 몽골 각 부의 내정에 대해서도 상세하게 서술해 놓아서 16~18세기 내륙아시아사 연구의 일급 사료로 여겨지고 있다.

이 책의 기사는 1790년에서 끝을 맺고 있지만 이후 속續 찬본이 1812년, 1836년, 1849년에 3회에 걸쳐서 칙명에 따라 편찬되었다.

『흠정외번몽고회부왕공표전』의 편찬자는 만주어에 능통한 한인 출신인 기운사祁韻士(1751~1815년)이다. 그러나 몽골학자에게는 이 책이 대개 몽골어판 표제의 마지막 단어 'iledkel Sastir(표전表傳)'로 알려져 있어서 몽골인이 몽골인들을 위해 몽골 땅에서 편찬한 것이라 믿어져 왔다.

그럴 만한 것이, 한인들은 유목 생활을 묘사할 때 『사기』「흉노열전」을 상투적으로 사용하는데, 이를테면 "물과 풀을 찾아 이동하여 정주하지 않고 성곽이나 경작지를 업으로 삼지 않는다" 식의 문구가 『흠정외번몽고회부왕공표전』에서는 사용되지 않는 터라, 이는 몽골

• 청조淸朝의 최대 판도와 번부藩部

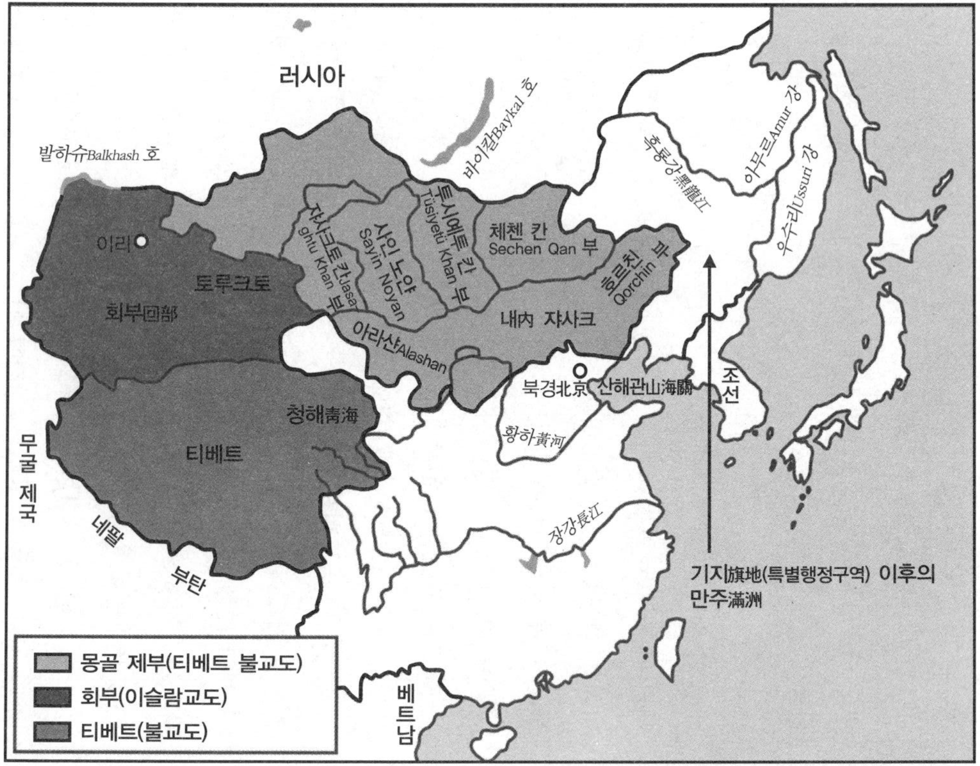

인이 하고자 하는 말을 몽골인의 입장에서 서술하고 있는 것으로 여겨진 것이다. 이를 통해서 한인 출신인 기운사가 이 책을 편찬하는 데 재료로 삼았던 만주어 문헌이 몽골인의 주장을 얼마나 잘 전달하고 있는지, 또 기운사가 만주어에 얼마나 능통했는지를 알 만하다.

이 책이 한인의 손을 통해서 완성되었다는 사실은 몽골인들 사이에서는 지금까지 전혀 알려져 있지 않았다. 이러한 상황은 수정되어야 마땅하다. 그러나 동시에 전형적인 한인 출신 문인 관료였던 기운사가 만주어를 통해서 청대 역사학에 위대한 공헌을 할 수 있었던 것은 청나라라는 왕조의 본질을 보여주고 있다.

여기에서는 『흠정외번몽고회부왕공표전』이라는 보기 드문 사서史書의 편찬자인 기운사의 생애를 기운사 자신이 남긴 자서전을 통해서 살펴보고자 한다. 이는 중국의 한 역사가의 일생을 살펴보는 일을 떠나서 중국의 전형적인 독서인의 생애를 알 수 있다는 의미에서도 매우 귀중한 한 사례라 생각하기 때문이다.

기운사 일족

기운사의 자서전인 『학고연보鶴皐年譜』(학고鶴皐는 기운사의 자字)에 따르면 기祁씨는 산서성山西省에서 사람들 사이에 유명한 가문이다. 가문의 시조에서 15대인 기운사에게 이르기까지 수양현壽陽縣 평서촌平舒村에서 살았다. 1751년 아버지 기문왕祁文汪이 봉대현鳳臺縣(오늘날의 진성현晉城縣) 현학縣學의 훈도訓導로 재임하는 중에 기운사를 낳았다. 아버지는 49세였고 어머니 가씨賈氏는 41세였다. 19

세인 맏형 기수진祁樹禛, 14세인 둘째 형 기순사祁醇士, 9세인 셋째 형 기서사祁恕士, 7세인 누이 기씨가 있었다.

기운사가 3세 되던 1753년에 조모인 낙씨雒氏가 세상을 뜨자 기운사는 아버지를 따라 처음으로 수양현으로 돌아왔다.

1755년 기운사는 5세 때 글을 깨우치고 절구絶句(한시漢詩)를 암송한다.

1756년 6세 때 가숙家塾에 들어가 독서, 즉 학문을 시작한다.

1759년 아버지가 삭주朔州(오늘날의 삭현朔縣)의 훈도로 임명되었다.

1760년 10세 때 시 짓기를 배우고, 1761년 11세 때 글짓기를 배우다. 같은 해인 1761년 기운사는 어머니를 따라 앞서 아버지가 부임했던 삭주로 간다.

1762년 기운사가 12세 되던 해 셋째 형인 기서사와 함께 선양서원鄯陽書院에 입학한다.

이듬해인 1763년 겨울에 아버지가 장치현長治縣 현학縣學의 교유教諭로 영전하였는데 당시 13세인 기운사를 부임지에 데려간다.

1764년 기운사가 14세 되던 해 셋째 형인 기서사가 어머니를 모시고 장치현 현학의 관사官舍로 들어온다. 이때 맏형 기수진의 아들인 4세 기조란祁朝鸞도 함께 온다. 아버지는 장손이 태어난 때가 늦은 감이 있어서 기조란을 매우 귀여워했다.

장치현의 현학은 당시 노안부潞安府에서 가장 큰 규모의 학교였기 때문에 서고에는 『십삼경주소十三經注疏』에서 『이십이사二十二史』까지 폭넓은 장서를 갖추고 있었다. 기서사와 기운사는 매일매일

읽고 싶은 만큼 책을 읽을 수 있었다. 이때 기운사는 역사가로서의 기질을 발휘하여 매일같이 밤과 낮을 가리지 않고 각종 문헌을 발췌하였고 고인古人의 출신이나 성씨 등은 반드시 정리하였으니 그 결과물이 산더미처럼 쌓였다고 한다. 타고난 성격이 그러했기 때문에 이처럼 정리하는 일을 귀찮아 하지 않았던 듯하다.

1766년 16세가 된 기운사는 수양현으로 돌아가 동갑인 궁씨弓氏와 혼인하였다. 첫 번째 아내인 궁씨는 1770년에 장녀를 낳았고 이어서 1774년에는 장남 기성조祁宬藻를 낳았지만 1780년에 30세의 젊은 나이로 세상을 떠난다.

관료가 되기까지의 기나긴 도정

1767년 17세가 된 기운사는 수양현의 시험에 응시하여 수석을 차지하였고 동생童生이란 자격의 생원生員이 되었다. 이때 수양현의 지현知縣 공도강龔導江은 자신과 동년배인 진사進士 진정학陳庭學을 불러 시험 답안의 채점을 맡겼는데, 진정학은 기운사의 답안을 읽고는 크게 놀라 "독서인의 글로서 손색이 없다"고 찬탄했다. 진정학은 노안부에서 가정교사 일을 하고 있었는데, 기운사가 장치현 현학의 관사로 온다는 소식을 듣고 직접 기운사를 불러 작문을 시키고 그것을 비평하고는 기운사의 능력을 크게 칭찬하였다.

1768년 기운사는 18세의 나이로 학정사學政使(각 성省의 교육감)가 동생童生들을 상대로 행하는 원시院試에 응시하여 부학생附學生이 되었다. 학정사 여광형呂光亨의 관직은 어사御史였으나 기운사에

• 청대清代의 과거제도(기운사를 중심으로)

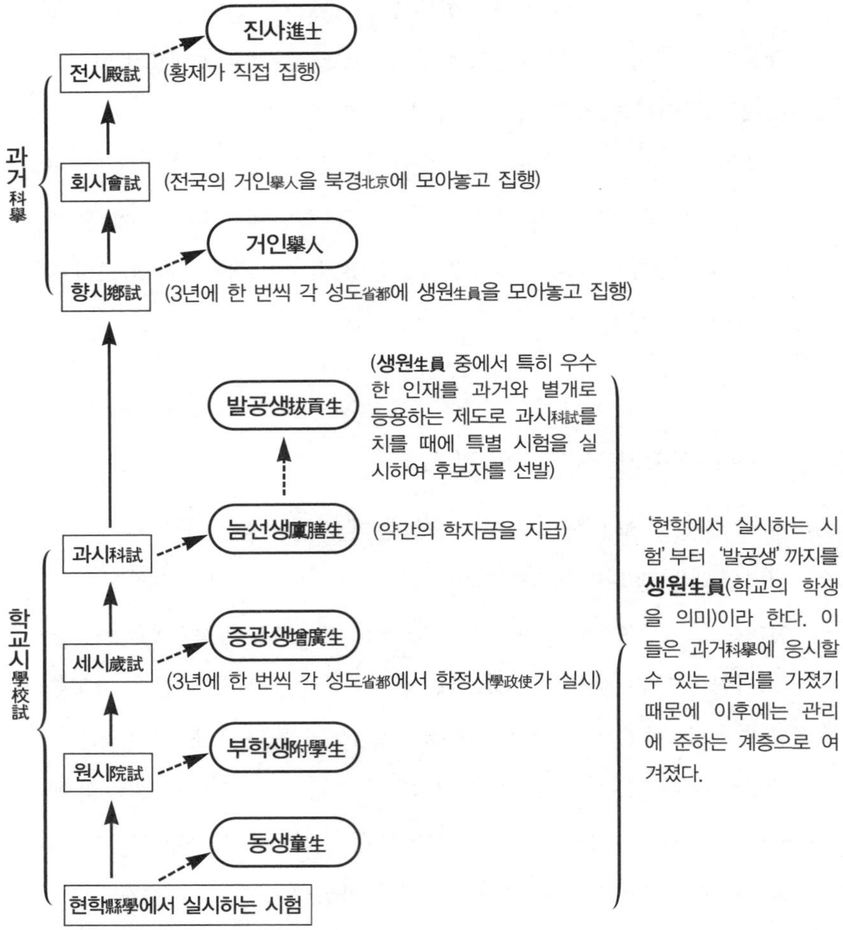

게 『효경孝經』을 하사하여 이를 강습하게 했다.

같은 해 7월 아버지 기문왕이 세상을 떠난다. 기운사는 과거에 응시하기 위해 산서성으로 떠나는 길이었으나 급보를 듣고 한숨에 집으로 달려왔다. 부모의 상중에는 과거에 응시할 수 없다는 규정이 있었던 까닭에 기운사는 한동안 문을 걸어 잠그고 집 안에서 은거하였다.

1769년 형 기서사가 정락현靜樂縣 이씨李氏 집안의 가정교사가 되자 기운사도 동행하였다. 이씨는 유서 있는 집안으로 이름이 높았는데 10여 칸間이나 되는 서고에 장서를 풍부하게 소장하고 있어서 양서良書는 물론 회화의 양도 상당하였다. 기운사는 강의를 하는 틈틈이 서고를 차례차례 열람하였는데 책 하나를 찾아 읽을 때마다 얻는 것이 많았다. 기운사는 정락현에서 5년 동안이나 머물렀는데 이는 가정교사 일에서 나오는 수입 때문이 아니라 서고의 책들을 마음에 찰 때까지 읽기 위해서였다.

1770년 이번에는 어머니 가씨가 세상을 떠난다.

1771년에 어머니를 장사 지냈는데, 불행하게도 그 열흘 전에 맏형 기수진이 급사한다. 기수진의 아들인 기조란이 11세에 불과했기 때문에 기서사와 기운사가 함께 책을 읽는 법을 가르쳤다.

1772년 복상 기간이 끝났고 이듬해인 1773년 23세인 기운사는 처음으로 세시歲試(각 성의 학정사가 3년에 한 번 각 부府, 주州, 현縣의 학교를 돌면서 실시하는 시험)에 응시하여 증광생增廣生이 되었다.

1774년 24세인 기운사는 과시科試에 합격하여 늠선생廩膳生이 되었다. 그해 9월 기운사는 정락현에서의 가정교사 생활을 그만두고 진양서원晉陽書院에서 면학을 거듭하게 된다.

1775년 25세인 기운사는 태원太原의 이씨李氏 가문에서 가정교사로 초빙되었는데 조카인 기조란도 데리고 가 함께 가르쳤다.

그런데 이듬해인 1776년에 기운사는 이씨의 가정교사를 그만두고 면학에 전념하기로 한다. 그때 산서포정사山西布政使 주규朱珪가 널리 재능 있는 인재를 구하면서 틈만 있으면 공부한 바를 시험하여 경서經書와 사서史書를 강의하였는데, 이때 기운사가 주규의 눈에 들어오는 경우가 잦았다.

1777년 27세가 된 기운사는 학정사의 국주國柱에 발탁되어 발공생拔貢生에 선발되었다.

같은 해 가을 향시鄕試(3년마다 각 성省에서 행하는 시험)를 치러 합격하였고 5등으로 거인擧人(중앙정부의 관리 등용 시험에 응시할 수 있는 자)에 선발되었다. 당시는 아직 수험자가 전공으로 선택한 경전에 따라 급제자를 선발하는 방식을 취하고 있었는데, 기운사는 『예기禮記』를 전공으로 했기 때문에 5등에 할당된 것이었다.

이때 시험관은 한림시독학사翰林侍讀學士인 저정장褚廷璋과 한림원수선翰林院修撰 금방金榜이었는데, 둘은 급제자를 발표한 뒤 학정사와 만난 자리에서, 수석 진상지秦尙志와 5등 기운사가 고향이 같은 동급생이며 둘 다 유명했다는 이야기를 듣고 크게 기뻐하였다.

한편 기운사의 옛 스승 진정학은 기운사와 헤어진 10여 년 간 중앙의 형부刑部(법무부)에서 근무하다가 당시는 노안부 지부知府로 전근하여 일하고 있었다. 진정학은 기운사가 홀로 자신을 찾아오자 크게 기뻐하여 환영해 주었다. 이번에도 기운사가 문장을 써 내보이자 진정학은 10년 전과 마찬가지로 붉은 먹물로 기운사의 문장을 비평하였다. 기운사 자신이 일찍이 사람들에게 말한 것처럼 실로 스승과 제자의 관계는 하늘이 정하는 것이었다.

과거에 급제하여 황제에게 직접 명을 받다

1778년 28세인 기운사는 처음으로 산서성을 떠나 북경에 당도하였고 예부禮部에서 시행하는 회시會試(각 성의 거인擧人을 공원貢院으로 소집하여 치르는 시험)에 응시하였다. 그리하여 93등으로 급제하였다. 시험관은 우민중于敏中(문화전대학사文華殿大學士 겸 호부상서戶部尙書), 숭구이(숭귀嵩貴, 팔기군八旗軍 양황기鑲黃旗 출신, 내각학사內閣學士), 왕걸王杰(이부시랑吏部侍郎) 등이 맡았다.

계속해서 전시殿試(황제가 직접 행하는 시험)에 응시하여 제2갑甲에서 47등을 하여 진사進士가 되었다. 전시 다음에는 조고朝考(과거 합격자 중 한림원에 남길 자들을 따로 선발하기 위한 시험)라는 특별 시험이 있는데 논論, 조詔, 소疏, 시詩를 각각 한 번씩 치렀다. 기운사는 여기에서 21등을 차지했다. 건륭제乾隆帝를 알현하고 한림원翰林院 서길사庶吉士에 임명되었다.

기운사에게 맡겨진 일은 만주어(Manju gisun)의 습득이었다. 만주어는 대청제국의 제1공용어로서 중앙의 황제와 지방의 몽골, 티베트, 회부回部(투르크계 이슬람교도) 사이의 통신은 만주어로 이루어지고 있었다. 한어漢語는 한인들에게만 통용되었다.

만주어를 가르치는 선생은 대교습大教習이 두 명으로, 한 명은 데

보(덕보德保, 팔기군 양백기鑲白旗 출신, 예부상서禮部尙書)였는데 이후 아구이(아계阿桂, 팔기군 정백기正白旗 출신, 군기대신軍機大臣)로 대체되었다. 다른 한 명은 전재錢載(예부시랑禮部侍郎)였다. 소교습小教習은 후얀타이(부담태富炎泰, 팔기군 양람기鑲藍旗 출신, 한림시학사翰林侍學士)가 맡았다. 이해 진사의 최우등자인 대구형戴衢亨도 만주어를 습득해야 했기 때문에 기운사와 동급생으로 인연을 맺게 되었다.

이처럼 기운사가 북경에서 지내게 되자 부인 궁씨는 장남 기성조와 장녀를 기조란에게 맡기고 북경으로 들어왔다.

1780년 기운사가 30세가 되던 해였다. 한림원의 서길사가 3년마다 치르는 서상관庶常館이란 시험이 4월에 열렸는데, 기운사는 여기에서 차석으로 뽑혀 건륭제를 알현하여 편수編修 직을 맡게 되었다.

같은 해 9월 휴가를 얻어 고향으로 돌아가 부모님의 묘소를 참배했다. 때마침 기조란도 향시를 57등의 성적으로 합격하여 거인이 되었다.

그러나 10월에 부인 궁씨가 출산 후 건강이 악화되어 세상을 뜨고 만다. 이후 둘째 형인 기순사가 기운사를 위해 후처 유씨劉氏를 소개시켜준다.

이듬해인 1781년 2월 기운사는 31세의 나이로 유씨와 재혼한다.

9월 휴가가 끝나 북경으로 돌아왔는데, 무영전찬수武英殿纂修 사고전서분교관四庫全書分校官에 임명되었다. 『사고전서四庫全書』는 건륭제가 당시까지 모아두었던 고금의 중요한 문헌을 경經, 사史, 자子, 집集의 네 부로 분류하여 편집한 총서이다.

10월 부인 유씨가 장남과 장녀를 데리고 북경으로 들어왔다. 기조란도 함께였다.

국사관國史館의 찬수관纂修官이 되다

1782년 기운사는 32세의 나이로 국사관의 찬수관에 임명되었다.

그전에 기운사는 건륭제의 분부를 받아 『몽고왕공표전蒙古王公表傳』을 편찬하기 시작했었다. 당시 『몽고왕공표전』은 관간정管幹貞이란 사람이 몇 편인가 저술한 상태였지만 그가 다른 관직을 제수받아 국사관을 떠난 탓에 편찬이 중단된 터였다. 이때 혜황嵇璜(문연각대학사文淵閣大學士)이 국사관 총재로 임명되었고 기운사가 만주어에 정통한 것을 알고서는 관간정의 뒤를 이어 『몽고왕공표전』을 완성토록 한 것이다.

기운사는 『몽고왕공표전』과 관련된 일을 총괄하면서 체제를 전傳으로 하기로 결정하였는데, 생각해 보자면, 몽골의 내內 자사크에는 49기旗(부족)가 있고 외外 자사크는 하루하의 토체토 칸, 체첸 칸, 자사크토 칸, 사인 노얀이 있고, 청해靑海가 있고, 아라샨이 있고, 토루크토 등 …… 200여 기가 있다. 또한 티베트가 있고 회부回部가 있다.

총전總傳과 분전分傳을 구분해야만 했으나 어느 쪽도 전례는 물론 참고할 만한 문헌도 없었다. 팔기군에서 보내오는 각 기의 당책이 있기는 했지만 난잡하여 혼란스러웠을 뿐더러 인명조차 쉽사리 읽을 수가 없었던 까닭에 참고할 수가 없었다.

기운사는 당시 내각의 문서고에서 보존하고 있던 만주어로 쓰여

진 홍본紅本(황제에게 상주한 문서를 황제가 직접 만주어로 답을 기재해놓은 것)을 모두 열람하고 조사한 뒤 외번外藩에서 일어난 사건과 관계된 문헌을 뽑아 내어 조금씩 교열하기 시작했고 그중에서 중요한 사항을 선별하여 열람할 때마다 번역해서 이를 모아 저본으로 만들었는데 이것이 『몽고왕공표전』을 편찬하는 기본 사료로 활용되었다. 먼지 투성이 속에서 우연하게 취득한 문서가 있었기에 이처럼 귀중한 이야기를 들을 수 있지 않았는가 하는 감개가 있다.

이처럼 장기간에 걸쳐서 겨우 『몽고왕공표전』의 얼개가 갖춰질 수 있었다. 각 부족을 순서에 따라 배치하고 인물마다 한 개의 열전을 배당하였다. 반드시 실록과 홍본에 등장하는 인물을 기준으로 삼았다.

또한 서북 방면 일대에 포진해 있는 산과 하천의 경계 역시 반드시 그 지방의 방위를 밝혀놓았으며 『황여전도皇輿全圖』(건륭제가 칙명을 내려 만들게 한 지도)에 따라 산과 하천의 지명을 번역했고 이를 기본으로 삼았다.

왕공王公의 본가本家와 분가分家는 이번원理藩院(몽골, 티베트, 회부와의 연락을 담당하던 관청)이 소장하고 있는 계보系譜와 대조하여 오류가 없도록 하였다. 이렇게 8년의 기간이 지나서 『몽고왕공표전』이 비로소 완성되었다. 기운사와 함께 『몽고왕공표전』을 편찬한 이는 한림원검토翰林院檢討 곽재규郭在逵 한 사람뿐이었다.

사서史書 편찬에 드는 비용을 둘러싸고

1774년 마침내 『사고전서』가 완성되었다.

1777년 기윤사는 37세가 되었다. 같은 해 국사관 제조提調에 임명되었고 아울러 총찬관總纂官도 겸하게 되었다.

국사國史의 규정에 따르면, 3품관 이상의 대신 및 관련된 사건이 많은 이는 예시로서 전傳을 세우는 것이 가능하다. 다만 그 전은 반드시 관서官書로써 근거를 삼아야 해서 사가私家의 저작은 함부로 들여놓을 수 없었지만, 책 자체는 난잡해져 과실을 범하기 쉬웠다. 기윤사는 국사관에 재직한 기간이 길고 국초國初의 사실도 상세하게 알고 있었으나 진중하게 작업을 진행해나간 터라 오류는 없었다. 매일 오전 8시에 출근했고 오후 6시에 퇴청했으며 결근하는 법이 없었다. 이러한 노고를 인정받아서 국사관에서 중책을 맡게 된 것이었다.

1789년 기윤사는 39세가 되었다. 『외번몽고회부왕공표전』을 완성하였고 건륭제는 이를 받아보고는 '흠정欽定' 이란 두 글자를 하사하였다. 모두 120권이었다.

『흠정외번몽고회부왕공표전』의 체제는 처음으로 만들어진 것이었을 뿐더러 만주어와 한문 두 언어로 기록되어야만 했던 사정도 있어서 이런저런 일손이 꽤나 필요했으니 가령 번역이나 등록騰錄(베껴 써내는 작업)과 같은 잡다한 용무를 맡은 이들이 200여 명을 헤아렸는데 여기에는 국사관에서 무보수로 10년 동안이나 근무하며 힘을 보탠 이들도 있었다. 책이 완성되고 나면 통상 관계자의 이름을 낱낱이 기록하여 보상을 청구하는 것이 관례였다.

국사관 총재 아구이를 비롯하여 혜황, 팽계풍彭啓豊 모두 기운사에게 자신들을 대신하여 황제에게 상주하는 것을 허락하였지만 군기대신軍機大臣 헤센(화신和珅, 팔기군 정홍기正紅旗 출신)만은 찬성하지 않았다.

"아직 몽골어 번역이 끝나지 않았잖은가?"

이에 대해 기운사는 "몽골어의 번역은 이번원에서 이어갈 터이니 국사관에서 굳이 해야 할 일이 아닙니다. 여기 각 관의 정례定例에 따르면 등록謄錄과 사무事務는 모두 공비公費로 행하여 5년마다 보상을 지급하도록 되어 있습니다. 그런데 지금 이 책을 완성하는 데 일조한 이들은 공비를 받지 못해서 작업에 들어가는 비용을 스스로 부담했습니다. 지난 10년 동안 오랜 기간에 걸쳐 노고가 끊임이 없었으니 그 노력은 동정 받을 가치가 있습니다. 혹여 상주하여 이들을 격려하지 않는다면 공평하지 않습니다."

아구이가 기운사의 말에 수긍하고 자청해서 상주했더니 건륭제가 이를 승인하여 관례에 따라 급료를 지불하게 하였다.

어떤 사람이 기운사에게 "공은 헤센 대신의 뜻을 거역하였소. 분명 공에게 안 좋은 일이 생길 것이오"라 충고하였다. 이에 대해 기운사는 "내가 맡은 일은 제조提調입니다. 공적인 일이기에 공적으로 말한 것뿐입니다. 사사로움은 알고 있지 않습니다."

그러나 이번 일은, 뒤이어 보는 것처럼, 실제로 기운사의 승진에 커다란 영향을 미쳤다.

잇달은 승진

1789년 8월 기운사는 순천부順天府에서 시행하는 향시鄕試의 동고관同考官에 임명되었다.

이듬해인 1790년, 기운사는 40세가 되었다. 같은 해에 『국사대신열전國史大臣列傳』에서 1735년(옹정 13년) 이전 분을 완성하였고 '흠정欽定' 을 하사 받았다. 모두 합쳐 800여 편에 달했다.

1791년 4월 한림원에 소속된 사람들은 정대광명전正大光明殿에서 대고大考라는 시험을 치렀는데, 기운사는 3등급의 제14명이 되었다. 기운사는 건륭제를 알현하는 자리에서 호부戶部의 운남청리사주사雲南清吏司主事에 임명되었다.

그런데 1737년의 전례에 따르면, 한림원 출신 중에서 사품관 이상은 낭중郎中, 오품관과 육품관은 원외랑員外郎, 편수編修와 검토檢討는 주사主事로 제수되는 것이 보통이어서, 학사學士 육백곤陸伯琨과 후앗샨(법식선法式善, 팔기군 정황기正黃旗 출신)은 모두 원외랑에 임명되었지만, 기운사만 편수인 유정륜兪廷掄과 동등한 주사에 임명된 것이었다. 이는 모두 헤센의 소행이었다.

그래서 아구이는 기운사에게 명하여 국사관 총찬總纂을 겸임하도록 했다.

1792년 가을, 기운사는 예부상서禮部尙書 기윤紀昀을 따라 문연각文淵閣과 문원각文源閣의 『사고전서』를 부교覆校하였다. 이듬해인 1793년 6월에 5남 기준조祁寯藻가 태어났으며, 1794년 10월에는 열하熱河로 가서 문진각文津閣의 『사고전서』를 부교하였다.

그리하여 1799년, 기운사가 49세가 되던 해, 기운사의 자서전인 『학고연보鶴皐年譜』에는 쓰여 있지 않지만, 이해 정월에 태상황太上皇으로 물러나 있던 건륭제가 붕어하자 가경제嘉慶帝(1760~1820년/1796~1820년 재위)는 헤센을 잡아들여 자결시켰다. 자연스럽게 헤센의 미움을 받던 기운사에게도 따뜻한 봄 햇살이 돌아와서 그해 겨울 기운사는 하남청리사원외랑河南淸吏司員外郞에 선임되어 운남청리사를 담당하게 되었다.

50세가 된 이듬해에도 복건청리사낭중福建淸吏司郞中에 제수되었으며 계속해서 운남청리사의 사무를 담당하였다.

8월 기운사는 순천부에서 시행하는 향시의 동고관에 임명되었다.

생각지 못한 귀양과 조용했던 만년

1801년에 기운사는 경찰京察(매년 1회씩 각 부의 장관들이 부하 관원의 공적을 평가하여 상주하는 일)에서 1등을 차지함에 따라 가경제를 알현하고 한 계급 승진하였다. 7월 전국錢局(청동전靑銅錢을 발행하는 관청)의 감독에 적임이라 알려짐으로 해서 보천국寶泉局의 감독에 제수한다는 조칙을 하사 받았고 이어서 호부戶部에서도 근무하게 되었다.

1802년 기운사는 낭중郞中으로서 근무하는 기간을 마치고 부府의 지사知事에 결원이 날 때를 기다리게 되어서 자신의 이름을 장부에 기재하게 된다.

그런데 1804년에 예상치 못했던 대사건이 발생한다. 보천국 창고

• 기운사의 관계도

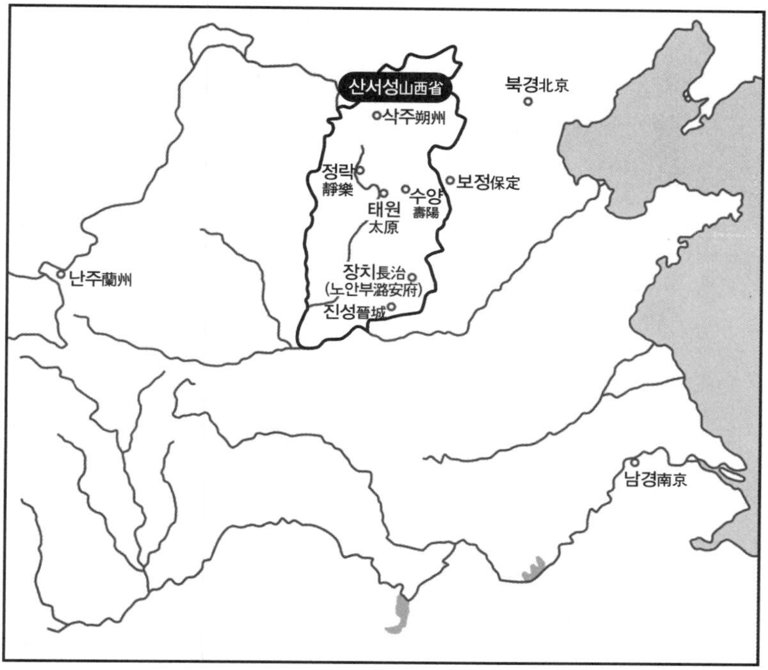

에 있어야 할 청동의 양이 부족했던 것이다. 이에 따라 보천국의 역대 감독은 조칙에 따라 체포되어 심문을 받은 뒤 형벌에 처해지게 되었는데, 이때 기운사의 이름도 문서에 오르게 된다. 그때까지 감독이 교체될 때에는 단지 장부를 이어받을 뿐, 실제로 현물을 검사하지는 않는 것이 관례였다. 기운사는 이를 크게 후회하였지만 이미 뒤늦은 일이었다.

1805년 2월 55세인 기운사는 다른 이들과 함께 이리伊犁(오늘날의 신강 위구르 자치구 서북 지역)로 유배형에 처해져서, 같은 달 18

일에는 북경을 떠나 7월 17일에 이리에 도착하였다. 이리장군伊犁將軍 손윤(송균松筠, 팔기군 정남기正藍旗 출신)은 기운사를 인방장경印房章京(옥새玉璽를 관리하는 무관)으로 대우해 주었다. 기운사가 이리로 향한 뒤에 북경에 남아 있던 가족들은 고향인 산서성 수양현으로 돌아갔다.

유배형에 처해진 기운사였지만 1807년에는 『이리총통사략伊犁總統事略』 12권, 『서역석지西域釋地』 2권을 저술하는 등 성실하게 임무를 수행하였다.

1808년 7월 58세인 기운사는 유배형에서 풀려났고 10월 20일에 이리를 출발하여 1809년 3월 8일에 고향으로 돌아왔다. 이때부터 기운사는 더 이상 관직에 나가지 않고 각지의 사립서원에서 학문을 가르치는 일에만 열중하였다.

예외라고 한다면, 이리에 유배되어 있을 때 도움을 받았던 손윤이 1810년 양강총독兩江總督으로 부임하였는데 기운사를 막우幕友로서 초빙하여 1년간 그를 도운 일이 있었다.

1811년 3월에는 태원太原의 산서포정사山西布政使 장영한張映漢이 기운사를 아들의 가정교사로 초빙하여 응하였는데, 장영한이 호북순무湖北巡撫로 전임하자 기운사는 평소 남방의 풍토를 좋아하지 않았던 터라 따라가지 않았다.

얼마 후 섬감총독陝甘總督 나얀첸(나언성那彦成, 팔기군 정백기正白旗 출신, 아구이의 손자로 예부상서와 군기대신을 역임)이 기운사를 불렀던지라, 같은 해 10월 기운사는 5남인 기준조를 데리고 난주蘭州로 가서 문인들과 함께 독서를 가르쳤다. 기준조는 이때 10세였는데 이미 향시에 합격하여 거인이 된 상태였다.

1812년 기운사는 난주의 사학私學인 난산서원蘭山書院의 선생이 되었다. 1814년 나얀첸이 직예총독直隸總督에 임명되어 다시 기운사를 초빙했다. 기운사는 이번엔 6남인 기숙조祁宿藻와 장손 기세감祁世弇을 데리고 보정保定으로 갔으며, 그곳에서 나얀첸의 아들의 가정교사를 하는 동시에 보정의 사학인 연지서원蓮池書院의 선생을 맡았다.

1814년 기운사가 64세가 된 해에 5남 기준조가 회시會試에 응시하여 제97명을, 복시覆試에서는 1등급의 제18명을, 전시殿試에서는 제2갑의 제3명을 차지함으로 해서 진사進士의 자격을 얻었다. 기준조가 조고朝考에서 제11명이 되어 황제를 알현하고 한림원 서길사에 임명된 것을 기운사는 특히 기쁘게 생각하였다. 즉 아버지와 아들이 대를 이어서 한림원에 들어갔다는 커다란 명예를 얻게 된 것이었다.

『학고연보』는 여기에서 이야기를 마치고 있지만, 책 말미에 자식들이 첨가한 내용에 의하면, 기운사는 보정의 서원에서 말라리아를 앓다가 1815년 3월 25일에 65세를 일기로 세상을 떠났음을 알 수 있다. 저서로 『서수총통사략西陲總統事略』을 남겼다고 하는데 이는 『이리총통사략』을 가리킨다.

『황조번부요략皇朝藩部要略』과 『몽고유목기蒙古游牧記』

『흠정외번몽고회부왕공표전』은 청나라 말기 학자들에게 심대한 영향을 끼쳤다. 기운사는 이때까지 『황조번부요략』 18권과 표表 4권의 저자로 믿어져 왔던 탓에 그 저서를 통해서만 후세에 알려져 있었지만, 실제로 『황조번부요략』은 기운사 사후에 오랜 기간에 걸쳐 편집된 저서였다.

『황조번부요략』에 수록되어 있는, 1839년 이조락李兆洛(1769~1841년)의 서문과 1845년 기준조(1793~1866년)의 발문에 따르면, 『흠정외번몽고회부왕공표전』의 저본이 되는 수십 질은 기씨 저택에서 소장하고 있던 50여권에서 비롯된 것인데, 기준조가 강소학정사江蘇學政使로 임명되어 강음현江陰縣(오늘날의 소흥시紹興市)에서 주재하고 있을 때(1837~1840년) 그 저본을 이조락에게 보여주었다 한다. 이를 이조락이 모악생毛嶽生에 위촉하여 편집하였고, 송경창宋景昌에게 표表를 만들게 하여 완성시킨 것이 『황조번부요략』이라 한다.

『황조번부요략』의 초고를 부교한 이가 장목張穆(1805~1845년)이다. 장목은 『황조번부요략』에 자극 받아 따로 『몽고유목기』를 편찬하기로 하였다. 그러나 장목은 편찬 작업이 진행되는 도중에 세상에 떠났고, 그의 유언에 따라 친구인 가추도何秋濤(1823~1862년)가 증보하여 1859년에 『몽고유목기』 16권을 완성하였다.

그리하여 18세기 말 내각의 창고에서 먼지만 쌓여가고 있었던 만주어 문서를 발굴한 기운사의 노고는, 19세기 즈음의 청말 학자들에 의해서 몽골학 서적 두 편을 이끌어내는 결실을 맺게 된 것이다.

새로운 역사를 개척한 사람

이상으로 『사기』에서 『명사』에 이르는 중국의 정사正史 편찬과정

그리고 『청사고』와 『흠정외번몽고회부왕공표전』의 성립사를 끝내기로 하겠지만, 둘 다 중국의 역사를 전하고자 했던 노력이 드러나고 있음은 의심할 여지가 없다. 그러나 그 형식은, 황제제도가 극한에 달했던 서기전 100년경의 역사적 현실을 기록하는 틀이었던, 사마천이 고안해낸 '기전체'에 마지막까지 의존하고 있었던 까닭에 새로운 발전은 여태까지 한 번도 찾아볼 수 없었다.

『후한서』나 『삼국지』, 『진서晉書』까지는 그래도 문제가 크게 불거지지는 않았지만, 『위서』나 『북사』를 편찬하던 시대에서처럼, 한인漢人과는 다른 민족(북족北族)인 선비족이나 투르크족이 홍성하여 중국 정치의 중심에 자리 잡게 됨으로써 여태까지의 낡은 기술방식으로는 현실과 합치하는 역사를 서술할 수 없었다. 『구당서』나 『구오대사』에 들어와서는 더 말할 것도 없다.

실제 역사와 그 기술방식 간의 간극은, 몽골족과 만주족과 같은 새로운 북족을 주로 다루는 『원사』, 『명사』, 『청사고』를 편찬하는 시대에서는 더욱 커졌지만, 『사기』 이래의 역사 서술방식을 대체할 만한 것이 발견되지 않았기 때문에 마찬가지로 서기전 1세기에 사마천이 확정한 형식을 완고하게 고수할 수밖에 없었다.

그러나 그러는 와중에도 『흠정외번몽고회부왕공표전』은 만주어 문헌을 기초로 하였기 때문에 예외적인 성격을 가질 수 있었다. 그런 점에서 기운사는 중국사의 새로운 시대를 열어젖힌 인물이라 하겠다.

|후기|

'누가 중국을 만들었는가' 라고 묻는다면, 그것은 바로 중국인 자신이라 답할 수 있을 것이다. 그러나 중국인에게 '당신들은 어떠한 국가를 만들고 있는가' 혹은 '당신들은 어떠한 국가에 살고 싶은가' 라고 묻는다면, 대답하기가 한층 궁색해지거나 질문의 의미를 이해하지 못하여 의아하다는 표정을 짓게 될 것이다.

중국인들이 질문의 의미를 이해하지 못하는 까닭은, 중국인 한 사람 한 사람은 '국가' 라는 것을 어딘가 바깥에 위치한 것, 더 정확하게 말하자면 '국가' 를 개인의 생활에 간섭하는 나쁜 것으로 생각하기 때문이다.

이 점을 염두에 두고 다시 한 번 '누가 중국을 만들었는가' 를 묻는다면, 그것은 바로 역사가라고 답할 수 있을 것이다. 역사에 대해 중국인들은 마음속 깊숙이 불신하는 태도를 지녀왔다. '정사正史' 에 대해서 '그것도 결국 그때그때 정부의 선전에 불과' 하다는 생각을 갖고 있는 것이다.

그러나 '정사' 라 하더라도 역사와는 차이가 있다. 역사는 한 문명의 존재방식을 규정한다. 예를 들어, 일본에서는 『일본서기日本書紀』가 최초로 기록된 역사인 까닭에 일본의 존재방식을 비롯하여 천황에 대한 일본인의 존경심이나 일본의 대외관계적 고립 등을 결정해 버렸다. 나머지는 『일본서기』에 뒤이어 역사를 저술한 저자들이 그러한 존재방식을 보강했을 뿐이다.

중국에서도 이는 마찬가지다. 중국 문명에서 '역사의 아버지'라 불리는 사마천은 『사기』를 저술하였고 이를 통해 하나의 문명, 다시 말해 중국 문명이 스스로를 인식하는 방식을 규정하였다. 나머지는 역대의 사관史官들이 각기 담당하는 시대를 써나감으로써 사마천이 정립한 '정통' 사관을 계승한 데 지나지 않는다.

그렇지만 역사의 서술방식에도 변화는 있었다. 사마광이 저술한 『자치통감』의 연대 표기법은, 당시 북송과 거란이 '천하天下'를 양분하고 있었던 사태에 대한 반감을 드러내기 위해 남북조 시대의 남조南朝를 '정통'으로 삼고 북조北朝를 '참위僭僞(거짓된 것)'로 보는 태도를 굳게 지니고 있다. 이러한 태도가 커다란 반향을 일으켜 확립된 것이 이른바 '중화사상中華思想'이며, 이는 오늘날까지도 중국의 국제 정세에 영향을 끼치고 있다.

그러나 마지막 장에서 다루었던 기운사는 이러한 전통적인 역사 서술 체제에 사로잡히지 않았다. 기운사가 그럴 수 있었던 까닭은, 기운사 자신이 종사했던 청나라가 만주족을 중심으로 하여 한인과 몽골족이 여기에 예속되는 체제를 근간으로 하는 제국이었기 때문이다. 한인 출신의 과거관료였던 기운사는 만주어에 능통했고 그 재능을 발휘하여 만주어, 몽골어, 한어 판본으로 각기 편찬된 『흠정외번몽고회부왕공표전』 120권을 완성하였다. 기운사의 생애, 당시 과거科擧의 실정, 『흠정외번몽고회부왕공표전』의 편찬 경위는 실로 문명의 정화精華를 보여주고 있음이 틀림없다.

마지막으로 본서를 집필하면서 참고했던 문헌을 열거하고자 한다. 나 이외에는 이러한 중국론을 펼치는 학자가 없는 까닭에 내가 저술한 책밖에 기재하지 못한 점을 널리 양해해주기 바란다. 또한 본서가 중국을 이해하는 데 보탬이 되기를 희망한다.

오카다 히데히로, 『역사란 무엇인가歴史とはなにか』(文春新書, 2001년 2월)

______________, 『세계사의 탄생世界史の誕生』(ちくま文庫, 1999년 8월)

______________, 『황제들의 중국皇帝たちの中國』(原書房, 1998년 11월)

______________, 『중국 문명의 역사中國文命の歴史』(講談社現代新書, 2004년 12월)

______________, 『일본사의 탄생日本史の誕生』(弓立社, 1994년 10월)

미야와키 준코宮脇淳子, 「祁韻士纂修『欽定外藩蒙古回部王公表傳』考」(『東方學』 81, 1991년 1월, pp.102-115.)

끝으로 본서를 출간하는 데 도움을 준 PHP신서 출판부의 林知輝 씨 그리고 지도와 교정에 큰 힘이 되어준 아내 미야와키 준코宮脇淳子에게 깊은 사의를 표하고 싶다.

2005년 8월

오카다 히데히로

|역자 후기|

이 책은 일본의 중국사학자 오카다 히데히로의 『だれが中国をつくったか(누가 중국을 만들었는가)』를 번역한 것이며, 한국어판 제목은 '중국의 역사와 역사가들' 이다.

일반으로 중국이라는 낱말은 하나의 '국가' 를 가리키는 것으로 이해되어 왔다. 1912년에 건국된 중화민국中華民國이나 1949년에 건국된 중화인민공화국中華人民共和國 모두 '중국中國' 을 약칭으로 채택하고 있으므로 중국이란 낱말을 국가 개념으로 사용하는 것도 크게 문제 삼을 일은 아니다. 그러나 역사적으로 살펴보면, 이러한 개념 사용은 근현대에 국한되어 인정될 수 있을 뿐, 전통시대의 왕조 중에서 '중국' 을 정식 국호로 사용한 예는 찾아볼 수 없다. 진秦 한漢 당唐 송宋 등은 춘추전국 시대 존재했던 도시국가의 명칭을 차용한 것이며, 그 밖에 원元 명明 청淸 등은 모두 특정한 의미를 담고 있는 낱말을 국호로 정한 것이다.

그렇다면 저자가 '누가 중국을 만들었는가' 라고 물었을 때 염두에 두고 있는 중국 개념은 무엇인가? 한마디로 말해서, 중국은 진秦의 시황제始皇帝가 전국통일을 달성함으로써 만들어졌다는 것이 저자의 주장이다. 물론 시황제의 전국통일 이전에도 중국은 여러 문헌에 걸쳐 사용되고는 있었다. 『시경詩經』과 『서경書經』과 같은 오래된 문헌에서는 중국이 사국四國에 대응하는 개념으로 기재되어 있다.

여러 성읍국가들 중에서 가장 중심적인 지위를 차지하는 성읍국가를 가리키는 공간적 개념으로 중국이란 낱말이 쓰이고 있었던 것이다. 춘추전국 시대에 들어서면 중국은 일개 성읍국가만을 가리키는 것이 아니라 황하黃河 중하류 유역을 지칭하게 되면서 그 공간적 범주가 크게 확대되었다. 이후 시황제는 이 지역을 분점하고 있던 여러 중소 국가들을 병합하여 전국시대를 종식시켰는데, 이로써 중국이란 낱말에는 질적인 전환이 이뤄진다.

시황제의 통일사업은 단순히 나누어진 국가들을 진秦이라는 국가의 지배 아래로 끌어들인 것만을 의미하지 않는다. 그것은 각국마다 상이한 문화, 풍속, 생활방식, 문자 등을 일률적으로 통합하는 과정이기도 했다. 시황제의 통일사업을 거치면서 중국은 특정한 지역을 가리키는 공간적 범주를 넘어 하나의 문화, 풍속, 생활방식, 문자 등을 공유하는 공동체를 가리키는 관념으로 탈바꿈하였거니와, 이처럼 공간적 범주이자 문화적 관념을 의미하게 된 중국을 통일적으로 유지시키는 것은 시황제 이후 왕조들이 공통적으로 짊어지게 된 숙명적인 과제가 되었다.

하나의 체제regime를 존속시키는 데는 무력과 권위가 요구된다. 즉 체제에 맞서는 저항세력을 강제할 수 있는 무력과 더불어 체제의 통치권 행사를 피지배자들이 인정하고 납득할 수 있게 해주는 정당성으로서의 권위가 필요한 것이다. 양자는 매우 긴밀하게 연결되어 상호 보완적이기 때문에 이 중 어느 하나가 결여된다면, 그 체제의 통치권 행사는 정상적으로 작동하지 못할 뿐만 아니라 나아가 체제

자체의 붕괴를 가져올 수 있다. 우리는 이러한 사례를 시황제의 전국 통일과 그것이 와해되는 과정에서 뚜렷하게 발견한다. 시황제는 강력한 군사력을 사용함으로써 '중국' 이라는 체제를 건립하는 데는 성공했지만, 이를 뒷받침할 수 있는 권위를 수립하는 데 실패함에 따라 시황제 사후 체제의 붕괴를 피해갈 수 없었던 것이다.

이러한 사회적 배경을 염두에 두고 중국에서 역사가 성립하는 과정을 살펴보는 것이 저자가 본서를 집필한 목적이다. 저자도 설명하고 있지만, '사史' 라는 단어는 '중中' 과 '우又' 가 합쳐져서 생겨난 글자로 오른손에 문서 꾸러미를 들고 있는 사람을 형상화한 것이다. 따라서 '사' 의 본래 의미는 역사가 아닌 관리의 장부를 가리키며, 장부에 매일 일어나는 사건을 기록하는 이가 바로 사관史官이다. 이는 중국에서 역사가 국가와 매우 밀접하게 연결되어 있음을 시사하는데, 시황제 이후 중국이라는 체제를 존속시키기 위해 그것을 정당화하는 권위로서 도입된 것이 바로 역사인 것이다. 그리하여 한漢 무제武帝 치세에 들어서서 규모 있고 체계적인 형식에 따라 정교하고 장대한 구조를 갖춘 역사가 처음으로 등장하게 되었으니 사마천司馬遷이 저술한 『사기史記』가 그것이다.

『사기』는 문명의 창시자로 여겨지는 황제黃帝에서 출발하여 역사가 어떠한 과정을 거쳐 한 무제의 치세로 전개되어왔는지를 다루고 있다. 달리 말해서, 천하天下를 다스리는 천자天子, 즉 황제의 계보를 서술하고 있는 것이다. 그렇다면 황제가 천하를 통치할 수 있는 근거가 대체 어디에 있는 것인가. 사마천이 『사기』를 저술한 목적 역시 바로 이 물음에 대한 답을 내놓기 위한 것이라고 보아도 크게 틀리지 않다. 사마천은 먼저 신화의 세계에 속하는 「오제본기五帝本紀」를 『사기』의 첫머리에 배치하고, 천자가 천하를 다스리는 근거는 단순히 무력의 우위에 있는 것이 아닌 천명天命에 있음을 분명히 한다. 즉 덕치德治를 펼치는 통치자만이 천자로서 천명을 수여 받아 천하를 다스릴 수 있는 권리를 얻으며, 그 통치자가 덕치를 펼치지 않고 백성들을 도탄에 빠뜨린다면 천명은 덕치를 펼치는 다른 통치자에게로 이행한다고 주장하는 것이다. 신화의 세계를 역사서술의 대상으로 끌어들이는 행태에서 알 수 있는 것처럼, 『사기』가 있는 그대로의 사실을 기재하고 있다고 보기는 어렵다. 사마천의 목적은, 천명이 통치자들을 편력하는 과정을 신화시대로까지 거슬러 올라가 추적함으로써 천명을 부여 받은 황제, 이른바 정통正統 황제의 계보를 서술하는 데 있으며, 궁극적으로는 정통 황제의 계보가 사마천 자신이 섬겼던 한 무제에게로 이어지고 있음을 입증하는 데 있는 것이다.

체제의 권위를 뒷받침하는 원리로써 사마천이 고안해낸 '정통' 이론은 그 효과가 굉장히 심대하였던 까닭에 사마천 이후에도 『사기』의 체계가 역사서술의 모범으로 떠받들어졌다. 전술한 것처럼, 황제제도와 역사서술 간의 긴밀한 연결관계를 염두에 둔다면, 『사기』가 역사서술의 모범이 되었다는 것은, 달리 말해서 『사기』의 정통 이론을 따르지 않는 역사는 국가에서 공식적으로 승인하는 역사인 정사正史에 편입되지 못함을 의미하는 것이다. 물론 사마천이 전범으로 삼았던 한 무제의 치세에서와 같이, 무력과 권위가 유기적으로 결합되어 있어서 체제의 통치가 공고하다면 별다른 문제가 발생하지 않을 수 있다. 그러나 실제 역사의 전개과정은 끊임없는 변화를 그 특징으로 한다. 『사기』의 서술방식, 즉 이상으로 상정하고 있는 세계가 있고 이를 정당화하기 위해 과거의 사실들을 선별하여 기술하는 태도를 고수하다 보면, 현실세계가 변화하더라도 이를 있는 그대로 반영할 수 없는 사태가 벌어지고 만다. 이러한 문제는 진수陳壽의 『삼국지三國志』에서 처음 그 모습을 드러냈다가 사마광司馬光의 『자치통감資治通鑑』에서 절정을 맞이하였다.

사마광의 『자치통감』을 이해하기 위해서는 1004년 북송北宋과 요遼 사이에 체결된 전연澶淵의 맹약을 숙지하고 있어야 한다. 두루 알다시피, 전연의 맹약이란 북송이 요와의 전쟁에서 패한 결과 양국 사이에 맺어진 화의인데, 북송의 황제인 진종眞宗이 요의 황제인 성종聖宗을 아우로 대하는 동시에 매해 정해진 양의 세폐歲幣를 바치는 것을 골자로 한다. 여기에서 핵심적인 사안은 정통 황제라 자임하던 북송의 황제가 자신 이외의 통치자를 황제로 승인했다는 데 있다. 이는 유일한 정통 황제가 천하를 통치한다는, 사마천이 『사기』를 저술한 이래 굳건하게 믿어져 왔던 관념이 치명적인 손상을 입었음을 뜻한다. 이에 대한 반동에서 일어난 것이 중화사상中華思想이며, 이를 가장 뚜렷하게 드러내는 문헌이 바로 사마광의 『자치통감』이다.

사마광은 남북조南北朝 시대를 서술하면서 북방민족이 중원에 들어와 세운 왕조인 북조를 정통으로 인정하지 않았다. 이들은 무력을 지녔을지는 모르나 태초의 황제로부터 전승된 중국의 문화를 이어받고 있지 않기 때문이요, 그런 까닭에 남조만이 중국의 문화전통을 향유하는 유일한 정통 통치자가 된다. 사마광의 이러한 입장은 남북조를 서술하는 태도에서 극명하게 나타난다. 즉 북조를 다룰 때에는 「본기本紀」를 삽입하지 않고 통치자 역시 '주主' 라고 지칭하는 반면에 남조를 다룰 때에는 「본기本紀」를 삽입하고 통치자를 '제帝' 라고 지칭하고 있는 것이다. 사마광은 이와 같은 형식적 차별을 자신이 살았던 당대에도 그대로 투영시켰다. 즉 남조를 계승한 북송은 '정통 왕조' 이지만, 북조를 계승한 요는 무력만 가진 야만스럽고 미개한 '이적夷狄' 이라 간주한 것이다.

중화사상의 등장은 무력과 권위를 두 계기로 하여 수립되었던 중국이란 체제가 새로운 전환을 맞았음을 뜻한다. 무력으로는 더 이상 북방민족과 비교하여 우월성을 차지하지 못하는 역사적 상황에서 사마광은 무력을 탈각시키고 정통이라는 권위를 한층 더 강화시키는 방식을 택한 것이다. 이로써 통치의 수단으로 역사가 차지하는 비중이 이전의 무력적 요소까지도 포괄하는 지위에 올라섰다고 할 수 있겠다. 중국이란 체제는 역사만으로도 통치의 정당성을 확보할 수 있는 단계에 들어서게 된 것이다. 따라서 우리는 중국이란 체제가 '정통' 과 '중화사상' 의 결합으로 만들어졌다고 말할 수 있겠다. 그렇다면 이제 저자의 질문에 답변할 때가 되었다. 누가 중국을 만들었는가? 그들은 바로 중국의 역사와 역사가들이다.

언론에서 보도되는 기사들에 따른다면, 중화인민공화국은 냉전

종식 이후 세계 유일의 초강대국으로 군림하였던 미합중국의 패권을 크게 위협하고 있는 것처럼 보인다. 그러나 군사력과 경제력에서의 우위만으로 중화인민공화국이 55개에 달하는 소수민족을 통합하고 중국공산당의 일률적인 통치를 달성하는 것은 불가능할 것이다. 한 국가의 고유한 역사적 경험이 당면한 문제를 해결하는 데 주요하게 작용한다고 본다면, 중화인민공화국의 대응방법이 사마천과 『사기』의 시대로부터 크게 벗어나지 않으리라는 것을 어렵지 않게 짐작할 수 있다. 최근 동아시아 국제사회에서 커다란 역사분쟁으로 부상한 티베트 귀속 문제나 고구려사 귀속 문제도 이러한 맥락에서 이해해야 할 것이다. 그러므로 우리에게는 단발적인 구호와 허황된 주장이 아닌, 중국이라는 체제가 만들어진 과정과 그것을 뒷받침하기 위해 역사가 어떻게 사용되었는지를 차분하고 냉정하게 되돌아보는 자세가 필요하다. 독자들이 본서를 읽음으로써 그러한 이해를 심화하는 데 기여하기를, 나아가서는 저자가 던진 질문을 바꾸어 '누가 한국을 만들었는가' 에 대한 답변을 고민하는 반성적 성찰의 기회가 되기를 희망한다.

2010년 6월

강유원, 임경준 적음